SHODENSHA
SHINSHO

警察官僚

——0・2%未満のキャリアの生態

古野まほろ

JN110589

祥伝社新書

まえがき――【やってみた】警察官僚

人は自分の生きた人生しか体験できませんし、自分の体験しか正確に証言できません。ですので、以降本書を通じ、飽《あ》くまでも私が実体験したことを中心に綴《つづ》ります。

その私は平成一桁《ひとけた》の採用組で、20年弱警察に奉職《ほうしょく》しましたから、言ってみれば〈平成官僚〉です。令和の御代《みよ》のことは証言できません。そのことは本書の性格を規定します。

すなわち本書は、必ずしも最新の情勢・制度論を取り扱うものではありません。最早《もはや》歴史になりつつある平成の御代《みよ》において、〈平成官僚〉がどのように生きたかを、言わば〈平成官僚実録《じつろく》〉として遺《のこ》すものです。まして、私は自分のことを――警察キャリアとしては――極めて平均的で平凡であったと規定していますので、そのような〈実録〉はつまり、極々《ごくごく》平凡な学生がいかにして警察キャリアとなり、極々平凡な警察キャリアがいかにして20年弱を勤め終えたか――という、主観的かつ個人的な証言となります。

そこには一長一短があります。

短所としては、必ずしも最新の情報が提供できないことや、必ず私の視点・判断というバイアスが掛かることが挙げられます。長所としては、もし私が嘘を吐かないのなら――

嘘を吐く動機がありませんが——類書《るいしょ》にはあり得ない「とある時代／とある部分社会において、平々凡々な人間がどのような日常を生きたか？」という、大袈裟《おおげさ》に言えば50年後でも100年後でも資料価値のある、一次史料《しりょう》になることが挙げられます。

無論、他の長所もあります。

例えば現行の制度がどうだ、仕組みがどうだ、システムがどうだ……といったガワについては、ネットの発達したこの御時世《ごじせい》、幾らでも検索して無料でそれなりの知見を得ることができます。しかしながら……そのようなガワの内側で蠢《うごめ》いている、生きたヒトの体感・意見・本音・生活・文脈そして行間は、意識して明確に遺《のこ》されない限り、必ず歴史の壁に隔《へだ》てられ、歴史の狭間《はざま》に埋もれてしまうでしょう。本書は、そうしたヒトの物語を『サルベージ』するという長所を持ちます。事実、警察庁の前身である内務省警保《けいほ》局——GHQに解体されましたが（1947）——その内務キャリアの例えば『1日の勤務状況』『公私の生活実態』『仕事に対する本音』等々といった、『内務キャリアが日常をどう生きたか？』は、75年を隔《へだ》てた今、圧倒的に史料を欠いており、令和を生きる我々がリアルな再構築を試みることはほぼ不可能です（私は明治時代から続く法律の担当官だったことがあるため、そのような史料探しの難しさ＝口述歴史《オーラルヒストリー》の乏しさにはよく泣かされました。国会図書館どころか警察庁図書館でも稀有《けう》です）。他方で、内務省がどのような官庁であり、どのような組織から成り、どのような権限を持ちそれをどのように行使していたか――といったガワの部分は、例えばWikipediaでも数分で概略を知り得ます。

――これらのことに鑑《かんが》みますと、『私にしか証言できないこと』を『私の視点で描く』のは、ストリートレベルならぬデスクレベル官僚論として、50年後いえ１００年後の読者にとっても資料価値を持ち得る、と考えます。無論、警察キャリアの生態・実態などドラマレベルでしか知られてはいませんから、その証言・実録を御提供することは――いかに私的・主観的とはいえ――令和4年を生きる現代人読者の方々にとってもまた、お値段分の意義は生まれ得る、と考えます。

要は、知らないこと／経験していないことを、シッタカで吹聴するのを私は嫌悪します。そうした自分の限界と射程を弁《わきま》えつつ、長所の方が生きることを信じ、以降、私の視点による私の証言をしてゆきます。

――序説の口説《くぜつ》の最後に、形式的な留意点を。

本書は法学・行政学の学術書ではないため、用語の正確さには配意したものの（証言の信用性にかかわります）、しかし文脈とリズムの観点から、必ずしも用語の統一性・整合性にはこだわっていません。

その最大の例は〈警察官僚〉です。

ここで、辞書によれば『官僚』とは、公約数的には、〝政策決定に影響力を有する中・上位の公務員〟等とされています。よって以降、本書においては、〈警察官僚〉を〝警察における意思決定に関与する上位の警察官であって、国がその人事を行うもの〟とザックリ決めてしまいます。いわゆる東京人事・警察庁人事の警察官です。

そしてこれは、〈警察キャリア〉と同義ではありません。

このまえがきの直後に図表等を掲げましたが——東京人事・警察庁人事の警察官には、①警察庁採用の総合職警察官であり警察庁を本籍地とする〈警察キャリア〉、②警察庁採用の一般職警察官であり警察庁を本籍地とする〈スペシャリスト/旧Ⅱ種〉、③都道府県警察採用の地元警察官であり警察庁に転籍・永久出向を選んだ〈推薦組《すいせんぐみ》〉、④都道府県警察採用の地元警察官であり警察庁に転籍・一時出向を命ぜられた〈出向警部/警視〉、そして敢《あ》えて言えば、⑤都道府県警察採用の地元警察官であり警察庁に転籍しないまま現地で国家公務員に化ける〈特定地方警務官《けいむかん》〉等々がいます。これらが東京人事の警察官です。

右のうち、①は様々な意味で〈警察官僚〉として有名（?）でしょうが、しかし②③もまた警察庁における意思決定に関与する——大きく関与する——上位警察官です。すなわち②③もまた〈警察官僚〉です（俗語で準キャリア、と呼ばれたりします）。

まして実は、3年契約／2年契約で警察庁に出向してくる④もまた、その職責は①②③とまるで変わりません。すなわち④もまた——期限付きの——〈警察官僚〉です（キャリアの若僧を叱咤《しった》する出向警部、キャリアの若僧を駆使する出向警視などめずらしくもありません）。

あと最後に⑤ですが、これは要は各都道府県警察で役員＝警視正にまで登り詰めた地元のドン、地元のボス。ここで、警視正以上は全て国家公務員に化けるルールがありますので、よって警察庁庁舎にこそいませんが、〝警察における意思決定に関与する上位の警察官〟そのものです。すなわち⑤もまた——都道府県レベルの——〈警察官僚〉となります。

このように、〈警察官僚〉には少なくとも5の類型があり、とても一般化はできないのですが……本書においては、文脈とリズムの観点から、敢えて〈警察官僚〉＝〈警察キャリア〉と単純化している箇所があります。無論、自然に流し読みしていただいて大丈夫なよう設計していますが、必ずしも厳密な言葉遣いではないこと、そしてキャリア以外の警察官僚の重責にも思いを馳《は》せていただきたいことから、ややしつこく述べました。重ねて、読書にさしたる影響はありません。「そんなもんかね」と思っていただければ充分です。

前口上《まえこうじょう》は以上です。

御興味がありましたら、次頁以降に掲げた図表等でイメージをお作りいただき、どうぞ本章にお進みください。

階級・職制対応表

	警察庁	警視庁	大規模 警察本部	警察本部	大規模 警察署	警察署	交番
<u>警察庁長官</u>	警察庁長官						
警視総監		警視総監					
警視監	局長 審議官等	副総監 部長	本部長				
警視長	課長 参事官 室長等	部長 参事官	部長	本部長			
警視正	室長等 企画官 理事官	参事官 課長	部長 参事官 課長	部長 参事官	署長		
警視	課長補佐 課付警視	課長 理事官等 管理官等	参事官 課長 次席・次長 管理官等	参事官 課長 次席・次長 管理官等	副署長 課長 統括官等	署長 副署長	
警部	係長	課長補佐 係長	課長補佐	課長補佐	課長代理	調査官等 課長	(交番所長)
警部補		係長	係長	係長	係長	係長	ブロック長 ハコ長
巡査部長		主任	主任	主任	主任	主任	主任
<u>巡査長</u>		係員等	係員等	係員等	係員等	係員等	係員等
巡査					係員	係員	係員

▒ 部分はキャリアが就き得る職　―― は階級でない

警察キャリア昇任モデル

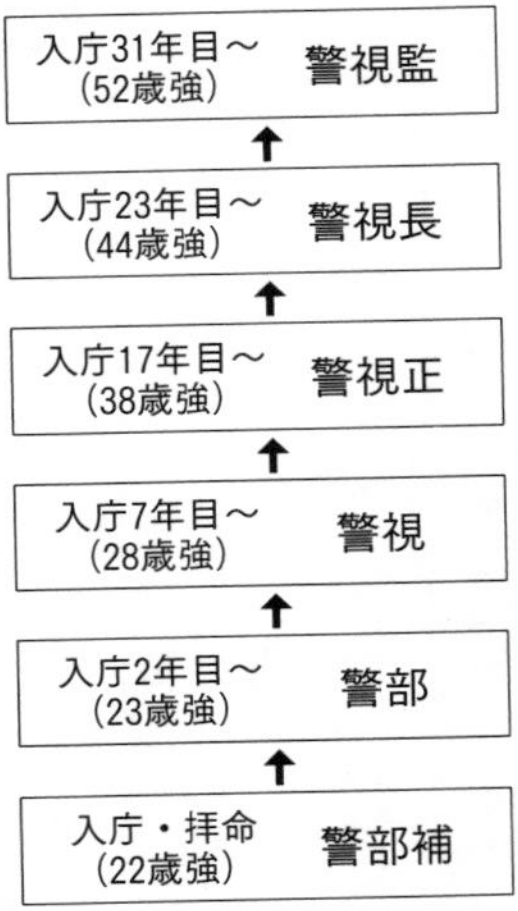

日本の警察官の構成イメージ

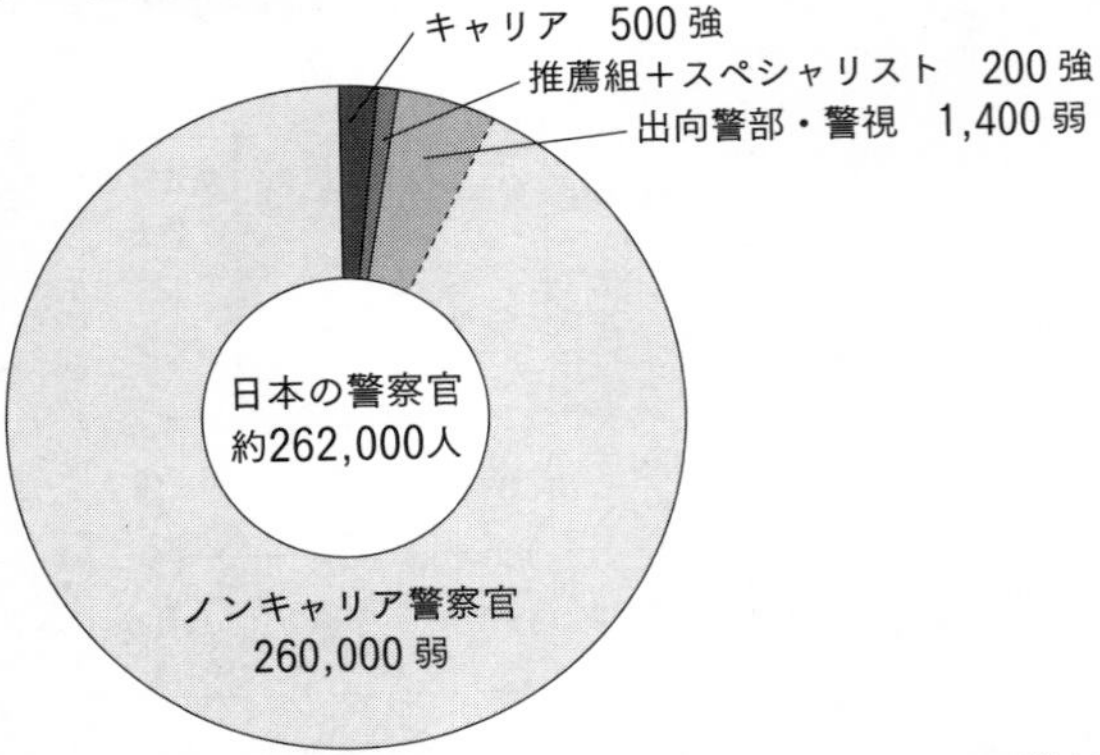

例えば、フランス国家警察の警察官の定員は約15万人、うちキャリアは約1,700人(1.1%強)、拝命時に警視学生(警視補)。2年の警察大学校教養を経て3年目・25歳から同期約80人が一斉にパリ郊外その他の重要・危険区域の警察署長等となる。

目次

第4章　環境・私生活——隴西《ろうせい》の李徴《りちょう》は博学才穎《さいえい》……

本文デザイン　盛川和洋
イラスト　田中 斉
図版作成　篠 宏行

第1章

誕生——〈ヒト〉から〈警察キャリア〉へ

採用プロセス

警察キャリアの採用プロセス——裏から言えば『学生が就職して警察キャリアになるプロセス』は、所謂《いわゆる》キャリア官僚一般と全く変わりません。すなわち総務省、財務省、文科省、厚労省……等々に就職して各省庁のキャリア官僚となるプロセスと全く一緒です。

それは要は、①形式的には国家公務員採用総合職試験に合格し、②実質的には各省庁ごとの採用面接に合格することです。といって、私は古い世代ゆえ、現行の『総合職試験』よりは以前の『I種試験』なる呼び方に馴染《なじ》みがありますが（平成24年度から変わりました。更に言えば、I種なる呼び方以前には『甲《こう》種』『上級』なる呼び方もありました）。とまれ、現行の『総合職』、かつての『I種』等が所謂《いわゆる》キャリア官僚ということになり、これは大々原則としては全省庁共通です。警察庁も＝警察キャリアも例外ではありません。

採用試験と採用面接

前節では概略、警察キャリアになるには——他省庁と同様——①形式的には国家公務員採用総合職試験に合格し、②実質的には各省庁ごとの採用面接に合格することが必要である旨《むね》を述べました。ここで、形式的／実質的なる言葉を遣ったことには、もちろん理由があります。

すなわち、①がいわば資格要件であり、②がいわば能力要件だからです。

早速《さっそく》本書の方針に基づいて古風に言えば、国家I種試験は（総合職試験と読み換えてください。以下制度が変わった事柄《ことがら》について全て同様）、『中央省庁のキャリアとして採用される資格を得る試験』でして、それ以上でもそれ以下でもありません。これに合格することは必要不可欠ですが、しかし合格したからといって、就職上、何の権利が保障されるものでもありません……いえ正確には、一定期間（確か3年）、合格者名簿＝キャリア候補者の名簿に登載され、当該《とうがい》期間において、各省庁にアクセスして採用されうる権利のみ保障されます。

端的《たんてき》には、『期限付き就職活動保障資格』を得るための試験。それが国家I種試験でして、そしてそれだけです。例えば司法試験なる資格試験に合格すれば、その効果は時間とともに消滅することなどあり得ませんが、国家I種試験はそれに比べ、『期限付きの資格試験』と考えることができます。一定期間が経過すればまるで無効・無意味となります。

したがって、仮に国家I種試験に合格したならば、一定期間内に右の②、各省庁ごとの採用面接を受け、それに合格する必要が生じます。これは各省庁が独自の判断と裁量で実施します（国家I種試験そのものは人事院が行う、全省庁共通規格となるものです）。よって警察キャリアについて言えば、警察庁に直接赴《おもむ》き、民間企業同様の『就職活動』をする必要があります。期限付き資格を得た学生は、期限内に自分を売り込みに行き、民間企業同様に内々定をもらう必要があるのです。

試験と面接の実態——試験

重ねて、私の経験論を口述歴史《オーラルヒストリー》として御説明します。記憶違いは御容赦《ごようしゃ》ください。かつての国I試験の一次試験は6月、年1回。6月上旬の日曜日開催でした。試験科目は一般教養＋法学等の客観試験（択一《たくいつ》式）。会場は私の場合、東大駒場《こまば》キャンパスの比較的大きな教室だったと記憶しています。往時《おうじ》の最終倍率は——単純に合格者数を受験者数で割った数字は——概《おおむ》ね25倍弱ないし30倍強でしたので、「この教室から2、3人しか合格しないのか……」と、大きな嘆息《ためいき》が出た記憶があります。

実際、一次試験のレベルは、司法試験とまではゆかずとも、微《び》に入《い》り細《さい》を穿《うが》った、選択肢の一文だけで5行も6行もあるもの。仮に大学で法学を修めていたとして、そのままの学力では到底太刀打《たちう》ちできません。試みに私が今日解いてみたならば——今でもモノカキとして法学書を書いたりする身の上ですが――きっと『全滅・正答なし』でしょう。

そのような難儀《なんぎ》な試験ゆえ、私の場合、大学の講義数をできるだけ少なくし、大学3年生の秋から自覚的に勉強を始めました。年が明けた新春からは、下宿の机に法学書タワーを積み上げては『昼の12時から朝の6時まで』過去問を解きまくり、6時間寝たらまた起きて勉強再開、以下繰り返し――という日々を半年程度続けました。私は平凡な人間ゆえ、愚直な努力あるのみです。よって「大学の定期試験が存外邪魔になるなあ……」などと、学生の本分に反したことを思ってしまった記憶があります。

なお国Iには、試験区分というかジャンルの別が多々あり、文系だと大抵の受験者は『法律』『経済』『行政』のジャンルを選択したものでした（出題対象となる科目に違いがあります）。もちろん理系ジャンルも用意されていて、それらは警察でいえば情報通信部門・科学警察部門の技官さん＝キャリア技官志望者が受験します。

とまれ、私の場合、6月上旬の某日《ぼう》曜日が天王山《てんのうざん》・関ヶ原《せきがはら》でした。もし他の就職ルートを想定しないなら、人生最大の難関です。というのも、国I最大の山場は一次試験だったからです。国Iには二次試験もあったのですが――『論述式』『面接』『人物試験マークシート』等――倍率からして、また二次前に内々定が出るというタイミングからして、二次は落とす試験じゃない／二次は一次より遥《はる》かにヌルい、というのが受験者の共通認識だったからです（体験的にもほぼ同意できました。特にマークシートの『自分のことを神だと思うはい／いいえ』なるテンプレは、受験者が必ずネタにする二次の象徴的1問でした）。

要は、兎《と》にも角《かく》にも一次試験を突破すること。それが21歳最大の殺所《せっしょ》でした。

ところが、事後的に同期とも話したのですが、その年の一次試験は例年に比して難易度が高く……まあ択一式ゆえ、最終的には鉛筆を転がせばよいのですが、少なくとも私にとっては「これ全部鉛筆転がさなきゃいけないのでは……?」「過去問のレベルを超越した選択肢ばかりだが?」と、駒場の講堂で頭を抱えるほど難しいものでした。私には、試験モノは必ず頭から順番に解いてゆく／解いてゆかないと気が済まない癖《へき》があるのですが、既に第1問、第2問からして「ええっ、正解ないじゃん!!」みたいな感じでして……そんな恐怖感を抱きつつ更に10問、更に20問と鉛筆をぶるぶる震わせていると、何せ人生の殺《せっ》所《しょ》ゆえ、だんだん正気が失われていいいいいいいきます。その狂気は、30年近くが過ぎた今でもまざまざと脳裏に浮かびます。正直、「負けた」「もう無理」「これ以上考えるだけ無駄」と明確に／断固として思いました。

ところが、です。

ド派手な嘆息《ためいき》を吐きながら、しかし右側の席から何らかの明らかな違和感を感じたので（今にして思えば微《かす》かな『音』だったのでしょう）、ふと右側に視線を遣《や》ると……通路を挟んだ右隣の女性が、受験者の女の子が、顔をずっと伏せつつ嗚咽《おえつ》していたのです。無論、厳格なる試験中ですのでガン見はできません。けれど、人が泣いているかどうかはガン見するまでもなく分かります。そしてこの場合、彼女が嗚咽している理由は――ほぼ――明白でした。何故と言って、それは私自身もやりたいことだったからです。

そして、彼女には大変申し訳なかったのですが――無論その後の人生において、彼女がどこの誰だったかを知る機会はありませんでした――結果として、私は彼女の御陰《おかげ》で投げるのをやめました。「人が泣くほど難しいなら、今年は難しいんだ、正答率はきっと下がる、足切りラインも下がる」等々と思いつつ。よって結果としては、彼女の御陰《おかげ》で合格できたことになります。少なくとも私の考える因果関係ではそうです。彼女の御陰《おかげ》で私が『現場で立ち直った』のは事実ですから。

――ともあれ、そのような雰囲気の筆記試験の後は、いよいよ採用面接となります。

試験と面接の実態――面接（官庁訪問）

私の時代、一次試験後は『仁義なき戦い』でした。イメージとしては、フリースタイルの椅子取りゲーム／パン食い競争で、しかもそのスタートラインに立つために、誰もが猛ダッシュを掛けたものでした（今現在はより合理的なルールが定まっているはずです）。

国Iの一次試験が、6月上旬の日曜日。お役所は定休日。よってその翌日の月曜日から、受験者は誰もが官庁に押し掛けることとなります。無論、採用面接は各省庁ごと独自に行いますから、『自分が就職したい官庁』に押し掛けることとなります。この、各省庁から見たときの採用面接、受験者から見たときの就職活動のことを――一般によく知られているとおり――〈官庁訪問〉といいます。

ここで読者の方も当然、違和感をお感じになったでしょうが……

試験が日曜で、その次の月曜から〈官庁訪問〉が繰り広げられるのなら、そうです、当時は受験者も官庁も、一次試験の結果を知らないまま戦うこととなります。その結果が発表されるのは、私の時代だと7月初頭。となると無論、採用する省庁の方《ほう》も一定のリスクを負いますが――一次落ちする子を選んでしまう可能性あり――しかしより切実なのは、受験者の方《ほう》の心理的リスクです。①そもそも最低限の資格要件を満たせるかすら分からないのに、②きっと合格しているものと信じ、③連日連夜官庁に通い詰めて懸命に自分を売り込む必要があるからです。少なくとも私は臆病者なので、一次試験の行く末のことを思うと正直、夜も眠れませんでした。このことは、後述する椿事《ちんじ》につながってゆきます。

とまれ私の時代は、月曜日の空が白む早朝から、人気官庁には〈官庁訪問〉の順番待ち行列ができたものでした。就職活動の神話として、『できるだけ早い順番をゲットしなければ熱意を買ってもらえない』――なるテーゼがありましたので。どこか他人事《たにんごと》のように書いているのは、実は私自身は、水曜日のしかもお昼頃に初めて動き出したからです。何故そうしたのかは、実は明確に憶えていません。一次試験の予想結果が重《おも》しになったか、『大勢の人で混むのは嫌だなあ』なる、生来の浮世離れした性格ゆえか……

　結果として、そのことは何の不利にもなりませんでした（飽くまで結果論ですが）。

　さて〈官庁訪問〉では、私が知っているのはほぼ警察庁のそれに限られますが（ほぼ、の理由は後述）、庁内の広めの会議室が臨時のサロン――待機所兼《けん》交流所になります。

　ここで『待機所』と言ったのは、警察庁で言えば、その日に面接をしてくれる課長補佐（警視）等複数人のデスクを行ったり来たりするための『拠点』になる――という意味合いから。当該《とうがい》サロンから見習い（見習い警部）のエスコートで庁内各課に出撃し、比較的自由に懇談《こんだん》をしてはまた当該《とうがい》サロンに帰ってくる、そのための拠点になります。

そして『交流所』とも言ったのは、そうした出撃・懇談の合間には必然的に待ち時間が生じますから（希望者が殺到している状況です）、その間、見習い警部複数が諸々《もろもろ》の雑談をするなどして御接待をするための『応接間』になる――という意味合いから。

これらを学生＝受験者＝就活生の側から見れば、①入庁受付をしたらサロンに導かれ↓②見習い警部らと雑談をしているうちに御指名があり↓③誘導されるまま課長補佐（警視）に話を聴きにゆき↓④またサロンに戻って雑談↓⑤そうこうしているうちにまたお声が掛かって違う課長補佐（警視）に話を聴きにゆき↓⑥またサロンに戻ると↓⑦サロンを仕切っている風《ふう》の人物から今後の流れをレクされ↓⑦官庁を後にする（そして指定された流れどおり次回期日にやってくる）……という感じになります。

ここで、役所としては――民間でもどこでもそうでしょうが――既に訪問初日からセレクションを開始しています。警察庁の場合、就活生が最初に接するのは課長補佐（警視）クラス、しかも人事部門とは無関係な課長補佐クラスですが、そこは人事部門のやること、懇談結果の実態把握に抜かりはありません。時として、サロンにおける見習い警部からの情報収集にも抜かりはありません。そしてある種の『課報活動的な』セレクションの結果に応じ、次第に、徐々にサロンに存在する就活生の数は少なくなり、それに反比例して、サロンにおける残存者＝生き残りの滞在時間は長くなります。

なおこのセレクションの過程で、役所は絶対に「見込みなし」「採用の意図なし」ということを明言しないのが慣《なら》わしでした。役所がある就活生をいわば切るのは、『いつまでたっても会えるのは課長補佐クラスだけ』『何度訪問しても課長補佐クラスをぐるぐる回るだけ』という現象によってであり、そこから察してくれ、ウチでなく他官庁を回ってくれ――という阿吽《あうん》の呼吸によります。裏から言えば、サロンから出撃して案内してもらえる先が〈警視→上級の警視→警視正→上級の警視正〉等々とステップアップしてゆくのなら、就活生としては「見込みあり」「採用の可能性あり」と期待できることとなります。

またその日の〈官庁訪問〉の締《し》め括《くく》りとして、ハッキリと職名を名乗らないがどうやら人事課のひとらしい人物が『どれだけ熱心にその日の感想等のフィードバックを求めるか？』『どれだけ熱心に他官庁への訪問度合いを確認してくるか？』極論『どれだけ熱心に雑談をしてくれるか？』等々でも、「見込みあり」「採用の可能性あり」は判断できます。

――かくて、連日サロンを埋め尽くしていた就活生、入れ代わり立ち代わりで延べ何人いたのかすら分からなかった就活生は、いつしか50人に、いつしか30人に、そしていつしか固定的な20人前後になってゆきます。最初は『諸《しょ》先輩との自由な懇談《こんだん》形式』だった訪問が、どんどん『現役官僚との質疑応答スタイルによる面接形式』になってゆき、よって、お互いの一手《いって》一手《いって》の攻防が激化するのに比例して、待機時間――ぶっちゃけ『囲い込みの拘束時間』も長時間になります。

再論すると、私の時代、国Iの一次試験が6月上旬の日曜、結果発表が7月初頭でしたが、内々定が出るのは6月30日の深夜。すなわち〈官庁訪問〉はトータルで約3週間の闘いですが、最後の1週間／5日間など、朝イチで警察庁に『出勤』し（時間指定されます……）、『退庁』するのは終電時刻（たくさん予定を組んでくれます……）。いつしか固定的な生き残り組となっていた将来の同期と、もう雑談のネタも尽き果てて、もう逃げられない／裏切れないなという覚悟を決めつつ、その日のお弁当の批評をするしかなくなった、なんて懐かしい様子を思い出します。

そして、運命の6月30日。

「これから30年間、仲間として一緒に頑張りましょう」が、私の憶えている内々定の言葉です。その日は終電時刻も大きく過ぎ、タクシーでアパートに帰ったのを憶えています。

無論、直後には人事院が国I一次試験の結果発表を貼り出しますから、人事課の見習い警部さんには「もちろん、結果発表後は朝イチでウチに来てください」と念を押されました。ここで、実は私、大変申し訳ないことながら、他の某《ぼう》官庁さんの御厚意《ごこうい》で、当該《とうがい》官庁さんの内々定を、掟《おきて》破りの6月28日に頂戴《ちょうだい》していたものですから（本気で行く気があったのです……未だに足を向けて眠れません）、その経緯もあっての念押しだったと思います。

ところがところが……

警察庁の特徴

さて国Iの、一次試験の結果発表日。浮世離れした私もさすがに朝イチで人事院に行きました。ノリは大学の合格発表そのもので、掲示板に一次合格者の番号のみが掲出されます。

ここで。

それから30年近くが過ぎた今でも私は確信しているのですが、私の番号はありませんでした。絶対に。これは人生の懸かった試験です。まして既に内々定を頂戴しています。私《し》的《てき》にも公的にも、一次落ちは許されない情勢です。ゆえに無論、何度も何度も繰り返して掲示板を確認しました。でも私は確信しました――番号はない。落ちた。

私がそう確信した事実は、その後の私の行動が証明してくれます。

無論、私はそのまま警察庁に駆け込むことなく、一斉に目指す官庁へと駆け出した合格者の群れを眺《なが》めながら（その晴れがましい顔!!）、トボトボと丸ノ内線でアパートに帰りました。往時《おうじ》のことゆえ『切符』を買うのが嫌で嫌で手が震えました。私は民間を志望していなかったので、就職浪人確定です。激甚《げきじん》な失意とともに、いったん田舎に帰ろうと、そして親に1年の猶予《ゆうよ》を許してもらおうと、すぐ新幹線に乗る決意を固め、アパートの掃除と荷造りを開始しました。警察庁には何の連絡もしませんでした……「申し訳ない」というのが最大の理由。「どのみち結果は御存知《ごぞんじ》なのだから」というのが第二の理由です。

すると、ほんとうに、ほんとうに冗談か小説のようなタイミングなのですが――

私が掃除と荷造りを終え、冷蔵庫の中身を確認し、いよいよアパートを出ようとバッグを持ち上げたとき。往時の私のアパートには変形8畳とキッチン等を隔《へだ》てるドアがありましたが、バッグを担いでその中扉を開いたとき。ほんとうに、そのとき。

固定電話のベルが鳴ったのです。

時刻にして、午前10時半あるいは午前11時近くだと思います。

……警察庁からお叱《しか》りを受けるのかな、と思って受話器を取ると。

案《あん》の定《じょう》、人事課の、先の見習い警部さんからの電話だったので……開口一番《かいこういちばん》「本当に申し訳ありません」と言いました。「恥ずかしいです」「御迷惑をお掛けして」云々《うんぬん》と、一方的に言葉を畳み掛けました。情けないのと悔しいのと叱られるかも知れないのとで、既に錯乱状態だったと思います。要は私は、一方通行な言葉の艦砲射撃をしました。

すると——

ずっと何かを言い掛けて、でも突然の絶叫《ぜっきょう》舞台《ぶたい》開幕に絶句したであろう見習い警部さんは、いよいよ私の独演会が終わるや、唖然《あぜん》とした口調でこう言ったのです。もう読者の方も予想しておられると思いますが——「いや古野さん、合格していますよ」と（名前は無論本名でしたが。以下同じ）。そこで私が明確に憶えているのは、なんというか、逆ギレをしたことです。お慰めにしてはひどすぎる、私が落ちたことは私がいちばんよく知っています、そういう御冗談はどうかと思う、云々《うんぬん》と。するとイヨイヨコレハタダナラン、と思ったか、見習い警部さんは「間違いなく合格しています。当庁でも確認しています」「いえ某《ぼう》省に行かれたのかと思い、お電話するのも躊躇《ためら》われたのですが」「まだ当庁に来てもらえるなら、今から大至急霞《かすみ》が関《せき》に戻ってきてください、大至急‼」とのこと……

……無論、正しかったのは見習い警部さんの方でした。私はといえば、兎《と》にも角《かく》にも警察庁に素っ飛んでゆき、それからも日々何某《なにがし》かの手続・行事があったため、人事院の合格者掲示板を確認することは二度とできませんでしたが……少なくとも合格通知は届いたので、客観的には私の大ポカです。ただしかし、私はこれを書いている今現在も、絶対に自分の番号はなかったと確信しています。自分の目にはそれが見えなかった。これは確実です。前述のとおり、一次試験の結果に絶大な不安を憶えていたことも大きな要因でしょう。

ただしかし。

人事課の見習い警部さんが、親切心で――「合格している以上、どうせ某《ぼう》省へ行ったのだろうが、万が一の事態もある」という親切心で――しかも絶好のタイミングで架電《かでん》してくれていなかったなら、私の人生はどうなっていたか解りません。なお私の田舎は、新幹線で2時間半（当時）は掛かる地方都市ゆえ、タイミングが狂えば『大至急』警察庁に駆け付けることなどできませんでした。そして古巣のことゆえ僭越《せんえつ》ながら、警察庁は志望者の多い＝採用候補者のタマには困らない役所でした。また繰り返せば、私は平均的で平凡な人間を自認しています。要は、『合格発表後にすぐさま駆け付けてこない私との縁《えん》を切る』ことは、警察庁にとって極めて自然で容易なことでした（そもそもが、官庁訪問開始日の2日後の昼にノコノコやってきた不心得《ふこころえ》な輩《やから》です）。

更に言えば、採用不採用は一《いち》警部がどうこうできる仕事ではありません。ゆえに今顧《ふりかえ》れば、見習い警部さんの親切心とは必然的に、少なくとも課長補佐クラス（警視）・理事官クラス（警視正）、果ては企画官クラス（警視長）の組織的好意となるでしょう。

……いささか私小説的な椿事《ちんじ》を縷々《るる》述べてきたことには、もちろん理由があります。すなわち私は、既に入庁前から、この厳《いか》めしく恐ろしい名前の役所に、名前らしからぬ優しさ……それが言い過ぎなら人間くささを感じたということ。世に言う『官僚的』なるものとは真逆の、『人間味』を感じたということ。

そしてそれは——今、20年弱の奉職《ほうしょく》を通じて得た結論として言えば——この組織が何よりも『ヒトを財産とし、ヒトを大切にする』組織だという事実です。ましてその事実は、私が身勝手ながらお暇《いとま》を乞《こ》うたときにも実証されました。私の退職時の人事課長は（実は採用時の人事課課長補佐）、私の今後はもとより私の家族の今後をも案じ、能《あた》うかぎりの配慮をしてくれました。それまでにお仕えした数多《あまた》の上司上官も、去りゆく私を説得し、思い出を回顧し、もったいないと惜しんでくれ、また、自分にできることは何でも言ってくれと口を揃《そろ》えて申し出てくれました。わざわざ退職後にお訪ねくださった上司上官もいます。あと噂話《うわさばなし》として聴くだけでも、私の身の上を案じてくれた実名入りの人々は、まさか一桁《ひとけた》ではありません。無論、直接接触をしたことがない人々、縁《えん》の薄かった人ほど、自営業、しかも売文《ばいぶん》の徒《と》になぞなった私を非難する傾向にありますし、そうでなくとも、ヒトの組織の一般的な現象として、「古野だけは許せん」と私を憎悪する人も……いえ私の方とて未だに、「アイツだけは●せるものなら●す」と憎悪する相手がいます。よって当然、誰もが聖人君子だみたいな綺麗事《きれいごと》を述べるつもりはありません。ただそれらも含めた愛憎の深さも、極めて『人情味があり』『人間くさい』事実の発露です。何故と言って、もしヒトにこだわらないのなら、『無関心』こそが最も低コストで最適解なのですから。

　もし私が「警察庁ってどんな所？」と訊かれたなら、とても一言では答えられませんが、少なくとも真っ先に「人情味のある所」「人間を大事にしてくれる所」と言うでしょう。

警察庁志望者の特徴

私は人事畑《ばたけ》の経験がありませんので、三桁《さんけた》単位の『警察庁志望者』全てについて語ることはできません。よってここでは、志望者のうち採用されるに至った『同期』あるいは『同期周辺の期』の特徴を概観します。

まず最初に挙げられるのは、人的魅力の多彩さです（それは私も含め、人的欠点の多彩さでもあるでしょうが）。私達の公約数は何だろう――と考えたとき、それはやり『人間くさいこと』が挙げられ、しかもそれくらいしか挙げられません。『警察庁』というとガチムチ体育会系が多そうだとか、逆に『官僚』というと偏差値秀才型が多そうだとか、そのあたりが語感からくる素直なイメージですが――しかし、そんな典型的な人間を探す方が難しいと思います。

例えば、司法試験を余裕でパスした天才が、麻雀《まあじやん》とマニュアル車での遠出と辣韮《らっきよう》を漬けるのが大好きだとか――まあこれはちょっと極端な例でしょうが、いかにも武闘派な体《た》躯《く》と顔付きをしていながら合唱部出身だとか、あと公認会計士の資格を持っているとか、ヨットやゴルフを嗜《たしな》むとか、将棋がプロ級だとか、変わったところだと滅茶苦茶《めちゃくちゃ》恐い顔をしているのに本格ミステリを読むのが大好きとか（今現在の私としては嬉しいところです）、ひとりひとりが不思議な『角《かど》』を複数持っていて、人間的な懐《ふところ》が計り知れません。テニス、サッカー、野球、バスケットボール、バレーボールあたりなら、嗜《たしな》みとしてはありふれています。また、後述する警察大学校時代では、マンガはもとより特殊なグラビア雑誌やアニメのビデオが持ち込まれていました。

入庁前の履歴というなら、あらゆる受験・試験に一発合格の現役組（22歳入庁）もいれば、一浪組・一留組もいました（めずらしいところでは、仮面浪人を2年経験した者も）。二留となると司法試験等のためというのが多いですが、とまれ、ある期を見れば22歳入庁から25歳入庁まで選《よ》り取《ど》り見取《みど》りで、互いの個人情報を知ったとき「えっ3歳年上だったの!!　こっちが中学3年のときもう高校3年生⁉」等と吃驚《びっくり》することも稀《まれ》ではありません。要するに、年齢も浪人／留年の経緯も問題にされません。

また、入庁前の履歴というなら当然『学歴』が気になるところですが、確かに極めて多いのは東大、しかも法学部です。他に東大経済、京大、あと一橋、早稲田、東北大、九州大あたりが私にとって『パッと顔とともに思い浮かぶ』大学ですが、実は入庁してからは学歴なんぞに意味はありませんので、同期だとか一緒に仕事をした先輩後輩だとか、そうしたあたりしか脳内のサンプルがありません。何故、入庁してからは学歴に意味がないかと言えば、要は仕事が――実務がデキるかデキないかだけが大事だからです。実際、私は職歴において、身上書《しんじょうしょ》を作成する場合以外、学歴を確認されたことがありません。あと強《し》いて言えば、東大法がマジョリティなのは解りきっているので、そのような集団内で敢えて東大法を誇ることなどあり得ませんし、東大法あるいは東大で閥《ばつ》を作ろうとも思いません。上手く表現できませんが、あまりにも下らなすぎますから（ただし、例えば東大合気道部《あいきどうぶ》で先輩と後輩だった――とかいった場合には特殊な人間関係が生まれますが、それは、まさか学歴に着目した人間関係ではありません）。

あと最近は『上流』なる言葉が流行《はや》りですので、出身家庭や生育歴を見ますと――私の知るかぎり多数派は普通の、敢えて言えば中流の出身です。『パッと顔とともに思い浮かぶ』範囲で言えば、まこと著名な大企業の役員令息と、旧大蔵キャリアの官僚二世令息が敢えて言えば上流なのかなあ――と思うくらいで（外貌《がいぼう》や態度からは全然分かりません）、他は極普通《ごく》の勤《つと》め人《にん》の子、そして私もそうです（老親に頭を下げつつ付言《ふげん》すれば、私などド田舎の高卒夫婦の子です）。ここで、警察庁あるいは警察キャリアというのは政治的中立性や廉潔性《れんけつせい》を強く求められますので、他官庁でしばしば見られるような閨閥《けいばつ》結婚がほとんどなく、よって政財界との親族関係がほとんどなく、また、理由は解りませんが世襲のケースも——もちろん客観試験がありますので『結果としての世襲』ですが——少なくとも私は知りません。ただし、実は親御さんがノンキャリアの＝都道府県の地元警察官だった、という例はまま聴きます。とまれ、このような『普通』っぷりは、例えば外務省、財務省といったハイソな（？）官庁からすれば、実に泥臭《どろくさ》く思えるのではないでしょうか。
大学以前については、常識的ゆえ特記することでもないでしょうが、灘《なだ》・開成《かいせい》・麻布《あざぶ》・ラサールといった中高一貫の超有名高校の出身者もいれば、同じような割合で、地元中学↓地元進学校↓東大京大、といったお決まりのステップを踏んだ『田舎少年／少女の立身出世組』もいます。とはいえ、それらも大学同様、閥《ばつ》につながることは皆無《かいむ》です。理由も同前です。ただ入庁直後の警察大学校で濃密な人間関係を構築しているうちに、「あっこの思考パターンは御三家《ごさんけ》型のものだ」「あっこの行動パターンは公立高校出のものだ」と——自分自身の出自との違いをメインに——ふと意識する場面もありますが、まあ血液型が分かったくらいの意味しかありません。あと、帰国子女は警察庁ではめずらしいですが、近い期で少なくとも2例は知っています。

省庁としての魅力と試験順位

では、以上に縷々《るる》述べたような特徴・履歴を有する者が、どのような動機で警察庁の門を敲《たた》くのか？　ここで重ねて、どの役所に〈官庁訪問〉を仕掛けるかは全て学生＝受験者＝就活生の自由な判断とイニシアティブに懸かっているので、「何故わざわざ警察庁を選んだの？」「警察庁のどこに魅《ひ》かれたの？」は学生／同期相互でも必ず話題になります。そして無論、志望動機として幾度となく、まあ、口頭試問《こうとうしもん》されます。就職活動ですので。

しかしこれも、結果として採用に至った同期等が、一筋縄ではゆかない生育歴・性格傾向・行動特性等々を有するため、公約数を挙げるなどして一般化するのはとても困難です。

よって話を裏から考え、志望動機として「これはなかった」「これはあり得ない」という思考パターンを挙げると（むろん他人の面接状況など分かりませんが、1週間ほども早朝から深夜まで同じメンツで一緒に待機し、その後3か月も（往時）全寮制の警察大学校で24時間べッタリの同居生活を過ごしていれば、あらかたの本音は分かります）、金銭的動機は皆無《かいむ》。これは官僚志望者の一般論として自然です。絶対確実にペイしませんから。また天下りなる動機も皆無《かいむ》。そもそも保険商品の見方や年金制度のあらましも充分に理解していない22歳ほどの学生が、遥《はる》か50歳代以降の生活設計をリアルに想定するはずもなし。

また存外、権力志向も皆無。例えば、出世スピードが速いからとか、若くして警察署長になれるからとか……まあそんなことを就活先にプレゼンする人間はいないでしょうが、経験上、本音としても、そうした権力志向は皆無でした。ただそれを「若くして責任ある仕事を委《ゆだ》ねられるから」「若くして重要な政策決定に関与できるから」「地方は当然のこと、大使館等の海外においても、はたまた内閣スタッフとしても活躍できるから」なる表現に変換するなら、それはアリです。「若い頃から大事な責任と義務を負ってみたい」「そこに自分の可能性を賭けてみたい」「様々な可能性のある組織でこそ活躍したい」というかたちならアリでした。例えば、往時は入庁後4年目で警視＝地方の所属長《ショゾクチョウ》でしたし、希望者は全員留学、なる制度が導入されつつあった頃でしたから。

加えて、所謂《いわゆる》ブランド主義も皆無。要は大蔵／通産／自治／警察等々だから入りたい、という社名優先の判断をする者も皆無。これすなわち「他社との比較論・相対論では選ばない」という傾向です（引く手数多《あまた》の掛け持ちをしている俊英《しゅんえい》ならば、ささやかな判断材料にはするでしょうが……）。ただ、社名に関係なく、本当に、自分のやりたいことがA省でもB省にもC省にも存在するので、警察庁にはこだわらず積極的な〈官庁訪問〉を複数仕掛けてゆく——というのは全く自然でした。大雑把《おおざっぱ》な記憶で言えば、同期等のうち『警察庁至上主義』（他官庁には興味なし）が25％弱、『他官庁も幅広く』（可能性を広くとらえる）が75％強といった感じです。この書の性質上、私の主観で体感数値ですが。

ならここで私自身のモチベーションはどうだったのか、と言えば——

消極的な志望動機をいえば、数字や計算に本能的に弱い脳味噌をしているため、経済官庁には足が向かなかったからです。積極的な志望動機をいえば……恥ずかしながら私、転校を3度経験していまして、その都度《つど》、小学6年生までずっと、殴られるわ蹴られるわ物を隠されるわ壊されるわ、まして教師もそれに便乗するわ……といった、客観的にも苛烈《かれつ》なイジメを経験させていただいたからです（まあこのような現象の常として、学力が顕在化《けんざいか》される中学校ではピタリと止む上、掌《てのひら》返《がえ》しで諸々《もろもろ》のリーダー等に祭り上げられるものですが）。

要は私は、「この世に正義はないのか？」「正義はどのようにして実現されるのか？」「正義は何故かくも変転常《へんてんつね》なく脆《もろ》いのか？」といった、僭越《せんえつ》ながら身を切るような問いを常に抱えつつ、22歳までを生きていました。換言《かんげん》すれば、私はこう思ったのです——私同様の不幸に襲われている人がいれば助けたいと。いやそもそも、小学校の学級であれ市内・町内であれ果ては国であれ、治安が維持されていること、それがヒトの生活と幸福の基盤であり土台であり前提条件なのではないかと。そうした基盤と土台を欠くなら自分の如《ごと》くにヒトの不幸は生まれ続けるし、極論、コンビニに行って水1本買うこと、いや自宅から平穏無事に外出することすら困難になるのではないかと。すなわち治安なるインフラは、国・社会における最優先の大前提で、それは国益・公益のうちでも自分の如《ごと》き『弱者』『被差別者』が身を捧げるにふさわしい、とても貴重なものなのではないか……といったことを、それをハッキリ言語化したのが何時《いつ》かは別論、小学生の頃から思い続けていました。それが私にとって『警察庁』でなければならなかった理由です。そして考えてみれば、そののち私が地域社会の治安をつかさどる交番担当課や、国益・公共の安全と秩序をつかさどるテロ対策担当課で勤務できたことは、偶然とは思えません。

このように、改めて自分のことを顧《ふりかえ》ってみると、全ての同期が、自分なりの、切実な動機を語っていた記憶がまざまざと甦《よみがえ》ります。警察大学校の夜は長いので……そして再論すれば、それらはとても公約数を挙げあるいは一般化できない多種多様なものでしたが、例えば暴力団対策にしろ極左（過激派）対策にしろ、22歳の私からすれば玄人《くろうと》顔負けの知識と持論を有していた者がいましたし、警職法・刑事訴訟法など今更学ぶ必要もないほど学を積んだ者がいましたし、そうした者は全て、それら知識・持論・学を通じ『警察庁で』何を実現したいのか、明確なヴィジョンを持っていました。たとえそれが現役の官僚からすれば笑止千万《しょうしせんばん》なものだったとして、往時の私としてはただ圧倒されるしかなかったのを思い出します。というか警察大学校の日々は常に、私がいかに幼稚でナイーヴかを思い知らされる日々でした。自分に比べ「豪傑《ごうけつ》が揃《そろ》っているなあ!!」と嘆息《ためいき》を吐いたものです。

――警察庁を選び／警察庁に選ばれるのは、概《おおむ》ね右のような『一言では表現できない』『独特の癖《くせ》がある』『一代で成り上がってきた』『様々な意味での芸達者《げいたつしゃ》』（多芸なのかも知れないし、一芸の極め方が尋常《じんじょう》でないのかも知れない）ですが――敢えてそうした者を選んでいること＝それが意図的・確信犯的であることは、ある程度客観的に証明できます。

というのも……言い方に迷いますが……取り敢えず志望者には困らない役所のうち、警察庁ほど〈試験の順位〉にこだわらない役所は、私思うに存在しないからです。

〈試験の順位〉＝前述の旧『国I試験』の順位については、さすがに同期のことしか知りませんが（そもそも非公開で、受験者本人と役所しか知りません）、同期について言えば……それが一桁《ひとけた》台だった同期は、なんと1人もいません（!!）。同期のうち最上位者は、私の遥《はる》かな記憶が確かならば16位です。同期のうち最下位者は、具体的な数字は忘れましたがなんと200位以下です（もっとも司法試験合格者ゆえ、「公務員試験なんてバカらしくて対策したくない」とのスタンスをとった結果ですが……）。さてこうなると自分のことに触れないのはアンフェアですので嫌々言いますと、私は極めて平均的で平凡で、同期の真ん中を取ればそうなるであろう――という86位だか89位だかでした。ちなみに私の、郷里の古くからの親友は、私と違って『一橋首席卒＋キャリア試験2位』なる俊英《しゅんえい》でして、多くの省庁から是非《ぜひ》にとスカウトを受けましたが、旧大蔵・旧通産を断り、警察なんぞ見向きもせず、旧自治へゆきました。ともあれ、キャリア試験の一桁組《ひとけた》に全くこだわらない官庁というのも――特定の期に限った話しかできませんが――まあ警察庁くらいかな、と思ったものです（なお前述のとおり、キャリアの試験区分には『法律』『経済』『行政』等の別がありますが、『法律』の受験者が最も多いため法律区分の合格者が最も多くなる――という当然の因果関係を除き、どの区分が採用上有利となるわけでもありません）。

警察大学校での教養（＝教育訓練）

採用の年の3月31日が（30日だったかな？）実質的なお勤めの開始日です。

警察庁での、警察庁長官からの辞令交付なら4月1日ですが、警察キャリアの場合、最初の教養《キヨウヨウ》＝教育訓練のため、3月中に全寮制の〈警察大学校〉に入校しなければなりません。私の時代は、採用1年目の入校が3か月、採用2年目のそれが1か月強でした（現在は例えば前者が4か月であるなど、延伸《えんしん》されています）。よって身分上、お勤めの開始日は民間人、辞令交付を受けて初めて国家公務員・警察庁警部補です（なお3月中は装備品の貸与・確認のほか、辞令交付その他のための所要《しよよう》の部隊活動要領の訓練をします）。

この3月末からの警大《ケイダイ》における教養課程を〈初任幹部科〉、初幹《シヨカン》と言います。実質的には――期間の長短を別とすれば――都道府県警察の地元採用警察官が（現場の警察官が）各都道府県の〈警察学校〉に入校するのと大差ありません。要するに娑婆《しやば》っ気《け》を抜き、曲がりなりにも一《いち》警察官として職務執行ができるよう、極めて体育会系のノリで、まあ、しごきを受けます。警大は都道府県警察の学校《ガツコウ》ほど厳格ではありませんが、一定の外出禁止期間があったり、そもそも外泊・旅行が許可制だったり、学内での着衣にも規制があったり、靴磨きやアイロン掛けの技術が必要不可欠となったり、時間的制約から風呂もまともに使えなかったりで、当初はかなりのカルチャーショックを受けます。まあ人間の常として、どのような環境にもやがて適応しますが――でもそこは上手くできたもの。適応した頃に『体力強化月間』なるものが開始され、意図的に脳筋《のうきん》にさせられる日々が続きます。

——ここで、そもそも警察キャリアは、①中央省庁の官僚としての性格と、②警察官なる特殊な執行的公務員としての性格を、併《あわ》せ持ちますし併せ持たねばなりません。よってまず①について言えば、警大の初幹《ショカン》のシラバスには、『刑法』『刑事訴訟法（捜査手続法）』『警察行政法』といった基礎法学の座学／ゼミのほか、『生活安全警察実務』『交通警察実務』といった警察各分野の座学、はたまた、『長官訓育《くんいく》』『学校長訓育』等々、エライヒトのおはなし拝聴《はいちょう》といった、警察庁／警察組織に関する諸々《もろもろ》の科目が用意されることとなります。またこの段階で、基礎の基礎の基礎ながら、官庁・官僚の御霊《ミタマ》である〈定員〉〈組織〉〈予算〉〈法令〉に関する霞《かすみ》が関口伝《せきくでん》伝統芸能のアウトラインも示されます（62頁参照）。

他方で、右の②について言えば、警大の初幹《ショカン》のシラバスには、警察官としての部隊活動要領等を体得する『点検《テンケン》・教練《キヨウレン》』、警察官にとってマストである『柔道又は剣道』『逮捕術』『拳銃操法《そうほう》』、果てはフル装備で駆けずり回ったり実際にデモ規制等を——催涙《さいるい》ガスと投石の中——実施してみる『機動隊実習』といった、警大卒業後すぐ必要となる警察活動に関する科目が用意されることとなります。無論、ノリが体育会系ですので、いわば時間外勤務の朝稽古《あさげいこ》もしれっと組まれますし、午前7時のグラウンドでの起床点呼が終わったら即、腕立て＋腹筋のほか、「いーち、いーち、いちに（そーれ!!）」と順次掛け声を掛け合いながらの、体力錬成《れんせい》のための持久走が必ず行われます。ハートマン軍曹の世界です。

このように、武断的な科目と文治的な科目がナチュラルに併存・並行するため、見やすい道理ではありますが、座学／ゼミでは超絶的かつ猛烈な睡魔に襲われます。しかし座学／ゼミの講師は、既に学生のあらゆる個人情報を実態把握している担任教授（警視）／担任主任教授（警視正）か――私も務めたことがあります――あるいは警察庁の課長補佐（警視）／理事官（警視正）が務めるのが一般ゆえ、階級的な観点からも、どうにか正気を保っていなければなりません（再論すれば、眠る側は新任警部補です……）。とりわけ、局長級の警視監あるいはそれ以上が降臨するときは、担任教授はむしろ「頼むからこのコマだけは絶対に目を開けていてくれ、俺の進退にかかわる!!」と哀願することとなります。

とまれ、警大のコマ割りは1日5時限。座学であろうと実技であろうと、午前中80分×2コマ＋午後80分×3コマ。昼休みが60分。コマとコマの間の猶予《ゆうよ》は10分です。重ねて、座学と実技が入り混じりますから、最も重要な技能のひとつは早《はや》着換えとなります。例えば、やっと汗だくの柔剣道が終わったと思ったら、次は法改正についてのハイソな講義、それが終わったら今度はフル装備の点検教練――といった時間割りはむしろ自然ですので、10分未満で寮に帰って柔剣道着から警察官制服に着換え、また10分未満で制服を脱ぎ捨てて機動隊の出動服に着換え、1日が終わったら学内私服はジャージのみなのでまた着換え……というルパン的な変装術が必要不可欠です（なお例えば『解剖』『検察実習』『裁判傍聴』といった出撃型のイベントにも事欠きませんので、無論、官僚然《ぜん》としたスーツ姿への早着換えも加わります）。今だから言えますが、同期とは「ここコスプレ学校だよね」「まあ明らかに偽者《にせもの》だもんね」なんて会話をしたことを思い出します。

シラバスは右のとおりですが、警大は全寮制ゆえ、学業・訓練の場のみならず、まさに生活の場でもあります。これ、私の時代は中野《なかの》駅北口徒歩5分弱の場所にあったところ（現在は府中《ふちゅう》）、なにぶんお堅い役所のことゆえ、入校の極めて初期段階において、すぐに住民票を移すことを命ぜられました。「3か月の短期滞在者なんだが……？」と思いつつ、昼休みの60分で同期とともに激混みの中野区役所までダッシュし、午後の講義に間に合うかどうかハラハラしつつ手続をしたのを憶えています。ただ慣れてくると、昼休みの60分をフルに駆使して昼休み中野グルメを楽しむ——なんて若干の余裕も生まれましたが。

私の時代の＝中野時代の警大は、個室寮もありましたがそれは例外的で、通常は6人の相部屋《あいべや》暮らしでした。もう一度強調しますが、6人の相部屋。〈ベッド3台×2列の寝室〉

が寝るところ＋〈机3台×2列の学習室〉が生活空間。警察キャリアの一期は15名前後ですが（20名を超える期もアリ）、それらが建制順《ケンセイジュン》に＝名簿順に、名字《みょうじ》『あ行』から詰め込まれます。それも部屋数に応じた均等割でなく、何故か『あ行』からキッチリ6人ずつで（なお私が新《しん》警大の教授だった頃、仕事で泊まり込みが続いたため、新《しん》警大の全個室制の寮の一室を時折借りましたが、「これぞ人間の住む所だ……」と隔世《かくせい》の感を抱きました）。
――6人部屋など、「プライバシー？　何それ美味しいの？」なる混沌のるつぼです。

まして私の時代は、既にして警大の府中《ふちゅう》移転が決定されていたため、正直、施設設備の改善、いえ維持すら望めませんでした。どのみち取り壊しですし。よって6人の相部屋というのは、寝室について言えば「どんな廃村の診療所跡《あと》の成れの果てでもここまでしみじみはしないだろう……」という滅びの様相を呈していまして、カチコチのパイプベッドにずたぼろのレールカーテンいえ布きれ。廃校の掃除道具入れの如《ごと》き木製の個人ロッカー。あと敢えて言えば、物悲しい蛍光灯。それが寝室の施設設備のすべてでした。

ちなみに、ちょうど入校後ちょっとしてから『全省庁の新人キャリア全員を対象とする5日間の研修』がありまして、他省庁の子とチームを組んでゼミやレクを行う機会があったのですが、そのときの宿舎が――代々木のオリンピックセンター――なんとシャワー付き個室制。それがなにせ警大の環境を知った直後だったものですから、同期と「一生ここでもいいな……」「警大に戻りたくなくなるよね……」と零《こぼ》しつつ、5日間の執行猶予《しっこうゆうよ》を満喫したものです。ここで併《あわ》せ、往時の警大の入浴事情をお示しすれば——無論6人部屋に風呂／シャワーなどありません。入浴施設は『銭湯型の大風呂』でした。しかも営業時間が確か午後6時から午後9時まで。配管の具合なのか何なのか、プッシュ式（レバー式だったかな？）の洗い場シャワー／蛇口からは、そこはかとなく赤錆色《あかさびいろ》の、そこはかとなく生温《なまぬる》いお湯が出ます。まして新入社員の務めとして、コロナ禍の今現在では考えられないほどの酒席に招かれまして——これは『エライヒトが主催者になる』という意味であって、その準備・アレンジは全て私達が行うのですが——そのときは大抵、入浴時間など終わってしまいます。酒席の時間帯とドンピシャリで被《かぶ》りますし、後片付け等もありますから。そうなるともう風呂は諦めるか、徒歩片道15分の場所にある直近の銭湯に駆け込むかしかありません（なお夜の点呼が午後10時30分に行われますので、酒席→銭湯→点呼の流れはかなりリスキーな試みです）。「風呂に入った後で、何で猛ダッシュして帰らないといけないんだ……」としみじみ思いました。なお当該《とうがい》思い出の銭湯さん、未だ御健在《ごけんざい》です。

さてそのような警大で、小学校の1学級ほどもいない同期と、私の時代だと3か月間、起臥寝食《きがしんしょく》をともにするわけですが……ぶっちゃけ2週間もあれば、最大でも1か月あれば、全員の性格・行動傾向・趣味嗜好は嫌というほど解ります。朝起きたらいるし、夜寝るその刹那《せつな》もいるわけですから。より具体的な話をすれば、「洗濯機に洗い物入れっ放しにしてるの誰だよ!!」「お前の屁はとびきり臭いんだよ!!」「やたらお腹鳴ってるけどパン食べる?」「俺の制ワイシャツここに掛けておいたのに……」「アイツの隣じゃ鼾《いびき》がひどくて眠れない」「異臭がするまで洗濯物を貯めるのはどうかと思うよ?」「レポート一緒にやろうって言ったのにデートに出掛けやがった!!」「アイツ当直サボって彼女の家に入《い》り浸《びた》り」「扉に貼ったポスター破ったの誰だ!!」等々、まこと生活感にあふれたコミュニケーションが展開されます。よって私も含め、誰がいかにだらしないか等々はすぐ分かります。あと無論、夜は自習もさることながら（課題がそれなりに多い）、自主的な酒席も盛んになるところ、これにより金銭感覚が——ぶっちゃけ誰がどのようにケチかも分かれば、はたまた、オフでアルコールが入ったとき飛び出す恐るべき本音というのも分かります。

こうした、物理的にも心理的にも極めて密《みっ》な警大生活は、当然のことながら、同期の絆《きずな》と連帯感を否《いや》が応《おう》でも強固にしますが……他方で無論、相性《あいしょう》の問題を浮き彫りにします。

前述のとおり、元々が『一言では表現できない』『独特の癖《くせ》がある』人間の集まりゆえ、お互いの凹凸《おうとつ》がツボに嵌《は》まればいきなり親友以上になるのですが、さかしまに強力な斥《せき》力《りょく》が働いてしまうこともあり……まして既述《きじゅつ》の『体力強化月間』ともなれば、心身ともに限界まで追い詰められますので（少なくとも私はそうでした）、そうした心身の疲労は当然、ピリピリ、イライラした心理状態を生みます。それが性格的な斥力と相俟《あいま》って、いよいよ『戦争状態』に突入することもまあ、稀《まれ》ではありません。

これも具体的には——酒席でテーブルを引っ繰り返しつつ胸座《むなぐら》をつかみだすとか、『敵』が部屋に入ってきたらわざとド派手な音を立ててドアを閉めて出てゆくとか、そこまではゆかずとも互いに一切口を利かなくなるとか、局外中立者と『同盟』を組んで圧力を強めるとか、給湯室的陰口《かげぐち》を言い合っていたら当の本人が入って来たので一瞬シーンと重い沈黙が下りてしまったとか（無論、「どうせ俺の悪口を言っていたんだろ!!」と律儀《りちぎ》に指摘されます）……まあ斯《か》くの如《ごと》くにしみじみとした、「小学生かよ!!」と言いたくなる状況が、私が当事者となったものも含め、幾度となく生まれました。

そして、『三つ子の魂百まで』ではありませんが、警大における洗礼は極めて強烈な人生体験ゆえ、警察官僚としてのメンタリティを左右するところ大です。無論それは、イザ霞が関官僚として勤務するうち、また大きく左右されるものでもあるのですが……しかし、まさか霞が関官僚として勤務をするとき、同期の屁《へ》を嗅《か》いだり鼾《いびき》に悩まされたりするわけではありません。よって、警大の生々しい実生活から導き出された絆あるいは斥力は、おいそれと消えるものではありません。実体験・実観察からすれば、警大生活を通じて『同期の3分の1とは心安《こころやす》く、同期の3分の1とは中立、同期の3分の1とは合わない』なる外交関係・勢力分布は、30歳になっても40歳になっても変わらないように思われます。またそれがハッキリ分かる／それをハッキリ言うのも、実に人間くさく思えます。

〈官僚〉になるとき

警大は通過儀礼、しかもかなり特異な通過儀礼ですが、所詮《しょせん》は箱庭の中の嵐です。すなわち、警大を卒業するそのときも——速成《そくせい》警察官として一通《ひととお》りの常識・所作《しょさ》は可能ながら——なにぶん実務経験が皆無に近いため、〈警察官僚〉の具体的イメージが湧《わ》きませんし、だから自分が〈警察官僚〉だとハッキリ意識できる場面もそうはありません。

一般論として、自分のことを〈警察官僚〉だとハッキリ意識するのは、①警大を卒業して最初の都道府県警察勤務をするときと（所謂《いわゆる》〈地方見習い〉）、②最初の都道府県警察勤務を終えていよいよ警察庁勤務を開始するそのときです（所謂《いわゆる》〈見習い〉）。更に一般論として、①はなお官僚としての実感に乏しく、②こそが決定的です。②以前は正直、警察庁の霞が関官僚がどのような仕事をしているのか、実感として理解できないからです。

では①の、〈地方見習い〉を概観しますと――警大での卒業式以前に、私の時代だと7月からの勤務先が（都／道／府／大規模県）内示されます。勤務先の希望は第3希望まで律儀《りちぎ》に訊かれますが、これは警察文化が誇る様式美。すなわち……「じゃあ何で訊いたんだよ⁉」との抗命《こうめい》が喉元《のどもと》まで迫《せ》り上がってくるほど、敵は予想外の手札を切ってきます。『同期の内示先トトカルチョ』が自然に行われる所以《ゆえん》です。私自身、実際の赴任地は、第1・第2・第3のどの希望にも、1ミクロンも接しませんでした（関東地方・関西地方といったエリアすら超越していました）。

とまれ、内示が出ますと、赴任先たる都道府県警察の警務《ケイム》（人事）の方《かた》と諸々《もろもろ》の調整をしまして、警大の卒業式が終わったらば、1人県は1人で、2人県は連れ立つなどして旅立ちます（最大で1県に2人ですが、例えば警視庁は巨大組織なのでもっと受け容れてくれます）。私自身は、当時の1人県が赴任先でしたので、出立《しゅったつ》も独り、引っ越しも独り。それ以降の地方見習い勤務も――キャリアの仲間がいないという意味で――独りでした。

そして、実際に赴任先の都道府県警察の敷居《しきい》を跨《また》ぎますと……そのときいよいよ箱庭から出たこと、自分は〈警察官僚〉〈警察キャリア〉なるものだということを自覚します。というのも、結局個人が自分をどう規定するかは、人間関係によるところ大、具体的には『どのように周囲から取り扱われるか』によるところ大だからです。まして受け容れ先の都道府県警察からすれば――こちらがどう考えているかに関係なく――新任警部補のキャリアなぞ〈珍獣〉です。何の／誰に対する悪意も揶揄《やゆ》もなく言って〈県に一匹二匹しかいない珍獣〉〈お国の御命令で預かった珍獣〉です。ここで、大規模県なら、既に熟《こな》れた警察キャリアが4人強はいるでしょうが、当該《とうがい》県の定員が仮に1万人だとして、その既存の4人強そのものが〈珍獣〉。加うるに、それらの熟《こな》れた警察キャリアは、全て即戦力で手取り足取りの世話など不要ですが、しかし警大を出たての、初めて第一線勤務をする新任警部補の警察キャリアなどまさに〈珍獣の赤児《あかご》〉。手取り足取りの世話あるいは飼育をしないなら、下手をすれば死にます。交番でも警察署でも現実の職務執行をさせますから。

よって、特に現地の警部以上からは――警察では警部以上が管理職――22歳の赤児《あかご》が、例えば父親のような方々に（署長も含め）「古野さん」と呼ばれ、あるいは精々《せいぜい》優しく「古野くん」と呼ばれ、好むと好まざるとにかかわらず、極めて丁重な扱いを受けます。いえ、私がそのような年齢になった今顧《ふりかえ》れば、私とてそうするでしょう。というのも、「大過《たいか》なく、いやできれば実績を挙げて帰ってもらわないと、我が県の名が廃《すた》る／沽券《こけん》に関わる」「現場の裏ワザなどを警察庁に逐一《ちくいち》伝えられては敵《かな》わん」「見張らねば、見守らねば」「まして警察不祥事などを起こし／巻き込んでしまっては我が身も危うい」と考えるのが、受け容れ側の立場上自然だからです。ただ当時はまだナイーヴな22歳の小僧《こぞう》っ子《こ》でしたので、当該《とうがい》県でお仕えした捜査一課長が「オイ古野!!　お前はどう思う⁉」「オイ古野!!　捜査会議なんだから何でも喋《しゃべ》れ!!」等々と刑事らしく接してくれたのを単純に有《あり》難《がた》く思いました。

またそうした小僧っ子としては——今だから言えますがゲンバゲンバしたかった勘違い小僧としては、「古野さん」どころか「古さん」「古ちゃん」と気さくに扱ってくれる、警察署・交番の警部補以下の同僚に、非常な親しみと有難さを感じました。交番なら24時間、警察署なら朝から晩まで（時に徹夜も）苦楽をともにするわけですから、配置されて1、2週間もすれば、まさか「古野さんは、確か東大法学部を優秀な御成績でお出になって……」などという関係になろうはずもありません。あっという間に「オイ古さんよ、今日昼飯の注文とるの忘れてんだろ」「古ちゃんさあ、せっかく東大出てんだからこの実況見分調書はないだろうがよ」「古さんがとっとと本部長で帰ってこないと、俺が署長になれねえじゃねえか」「ま、ウチの課で笑って座ってりゃあ給料もらえるのは古ちゃんだけだからな」といった関係になります。

しかしそれがまた、ゲンバゲンバしたい小僧っ子を勘違いさせます。丁重に扱われるのでなく、仮初《かりそ》めにもデタラメ言ってくれる仲間として扱ってくれるのが嬉しくて。居心地がいつしかとても良くなって……しかしながらそれは、①〈警察官〉としての自覚であって、②〈警察官僚〉としての自覚ではありません。①は必要不可欠ですが、我々の本質は②にあります。少なくとも我々の本質の半分以上は②にあります。ところが、①が生まれれば生まれるほど──それは生涯の宝となる得難《えがた》い経験で洗礼なのですが──②を忘れ、甚《はなは》だしくは疎《うと》むようになります。〈現場シンドローム〉とでも言いましょうか……

……とはいえ、そこはヒトを財産とし、ヒトを大切にする組織のこと。ましてキャリア制度は昨日今日開始されたものではありません。そんな〈現場シンドローム〉は当然織り込み済み。すなわち、〈警察官〉としての自覚が最高潮に達したあたりで、『警察人生2度目の警察大学校入校』が待っています。22歳で入庁したなら、23歳の年のイベントです。

それは、仮初《かりそ》めにも現場で数多《あまた》の宝を──人間関係を含め──獲得してきた〈警察官〉

を、いよいよ〈警察官僚〉に生まれ変わらせるための通過儀礼といえます。

この警察人生2度目の警大入校（初任幹部科補習課程）においては、「結局現場で何を学んだか？」「そこにはどのような問題があったか？」「それを解決するためにはどのような施策《せさく》を講じればよいか？」等々、現場体験のフィードバックと昇華《しょうか》を求める、結構ツッコミの厳しいゼミが数多《あまた》開催されます。そうした討議と並行して、自分で設定した研究テーマに応じた、具体的施策《せさく》を提言する論文の作成もマストとされます。その論文は、同期全員の前でプレゼンすることとなり、同時に、警察庁の当該《とうがい》テーマ担当課の課長補佐（警視）の査読《さどく》・講評を受けます（これも比較的シビアなことを言われます……まぁ〈警察官僚未満〉の政策提言など、熟《こな》れた課長補佐からすれば笑止千万《しょうしせんばん》なのは事実ですので）。更に同時並行で、警察庁勤務に備えた語学研修も行われますし（私の時代は英語の論文もマストでした）、いざ警察庁での配置先が内示されれば、配置先の課の意向によっては、警大を卒業する前から、警大の講義が終わった時間外において、いきなり〈見習い〉勤務開始を命ぜられることもあります。午後5時から、中央線で出撃してゆく同期がいました。

とまれ、この〈初任幹部科補習課程〉の末期《まつき》に、いよいよ具体的な「○○課勤務を命ずる」といった内示を受けまして、警大を再卒業するや、名実ともに〈警察官僚〉としての勤務に従事することとなります。〈地方見習い〉制度がありますので、キャリア官僚としては、他省庁の同年次組に比し、既に1年強の差を付けられてのスタートになります。官庁訪問で嫌と言うほど通い詰めた警察庁本庁なのですが、イザ自分がその〈社員〉として門《もん》を敲《たた》き敷居《しきい》を跨《また》ぐとなると、実務のイロハを知らないこともあり、そこはもう伏魔《ふくま》殿《でん》というか妖怪城というか……まこと恐ろしく、まこと身の引き締まる思いがしたものです。

といって私の場合、またもや配置先に同期はおらず独り配置。まして当該《とうがい》ポスト前任者の先輩は実に気さくな方で——そのまま物理的に隣にある課に御異動となったこともあって——〈警察官僚〉としては右も左も分からぬ私に、手取り足取りで様々な稽古《けいこ》を付けてくれました。主観的には、1年もの間、みっちりとです。「古《フル》のペーパーは相変わらず粘《ね》ちっこいよね」「意見でA4三頁はあり得ないだろ!!」「古はコピー厳禁って言ったら絶対撮《と》るんだよな……」「古はすぐドッチファイルの古文書《こもんじょ》捜索をネグる……」「古これ駄目だよ、第2係の見野さんが通達を、第4係の篠田さんが統計を持ってるからちゃんと教わって」「必ず去年の対応、2年前の対応を調べる、面倒がらない!!」「古また理事官が酔っ払ってるときにハンコ押させたな?」「総務課の森に怒られた？　バカはお前だって言い返していいよ、同期の俺が許す」「古また調子に乗ってA省に紙爆弾送ってんの？　遊んでないでホイ、新しい仕事。仕事があるって嬉しいよね!!」等々の言葉は、当該《とうがい》先輩にまことベッタリ甘えていた身としては、30年近くが過ぎた今でも懐かしく嬉しく思い出します。

――さて頃合いですので、右の先輩のような言葉を導き出す具体的な仕事・生態、いわば〈警察キャリア仕草《しぐさ》〉〈警察官僚仕草〉の詳細は次章に譲《ゆず》ります。本章では、官庁訪問‐警大入校‐都道府県警察勤務‐警大再入校‐警察庁勤務なるプロセスを描きつつ、どのような者が、いかにして〈警察官僚〉になるのかを概観しました。無論、令和4年の今では諸々《もろもろ》異なっている制度・運用がありましょうが（時の流れを考えれば至極《しごく》当然です）、ただ物事の本質は時代を超えますし、平成官僚の証言録としても一定の意義はあろうかと、恥ばかりを綴《つづ》りました。

なお本章の締《し》め括《くく》りとして、私の最初の本庁勤務先＝見習い先は、やはり第1・第2・第3のどの希望にも、1ミクロンも引っ掛からなかったことを付言《ふげん》しておきます。それが、結果論としては最善の見習い先となったことも、です。

第2章

生態（上）——血と労苦と涙と汗と

チャーチル演説1940

かのウィンストン・チャーチルは、第2次世界大戦中の1940年、初めて英国首相に就任した3日後直ちに、有名な国会演説を行いました。所謂《いわゆる》〈血と労苦と涙と汗〉演説です。この演説における"I have nothing to offer but blood, toil, tears, and sweat"(私が捧げられるのは、ただ血と労苦と涙と汗のみ)なるフレーズは今現在、チャーチル自身の姿とともに、5ポンド紙幣に刻まれています。

そして……元官僚としては実に烏滸《おこ》がましいのですが……警察官僚を含む霞《かすみ》が関《せき》官僚もまた、国と国民に〈労苦と汗と涙〉を捧げて生きています。時に病苦に倒れるなどして〈血〉も捧げて生きています。平成官僚としての私の職業人生を通じてそう言えますし、令和4年の今現在も、決して変わってはいないでしょう。端的《たんてき》には、自分に「お前ドMかよ⁉」とツッコミを入れたくなるような激務をこなしています。私の実体験で言えば――いちばん働いた時分は――退庁が午前3時過ぎで帰宅が午前4時、官舎を発つのが午前7時30分あたりで再びデスクに座るのが午前9時15分、なる生活も、重ねて繁忙期《はんぼうき》では自然でした(後述)。

こうしたドM性については、納税者=オーナーたるお立場からの批判……「国民にとっては結果が全て」「身分保障があるだろ」「無駄にブラック」「誰も頼んでない」「コスト感覚がない」等々の御意見がありましょう。ただ霞が関官僚の具体的な〈血と労苦と涙と汗〉は、諸々《もろもろ》の書籍・資料が今や紙・電子ともまこと豊富であるにもかかわらず、必ずしも巷間《こうかん》、認識が共有されていないように思われます。

よって本章では、霞が関にいるときの警察〈官僚〉がどのように〈血と労苦と涙と汗〉を捧げているのか、その具体的な生態を概観します。

なお、中央省庁は各々《おのおの》、かなり省内文化・庁内文化を異《こと》にします。例えば外務省など「接到越したる」「転達」「何分の儀」「御回電ありたく」なる公電《こうでん》用語からして霞が関でも異質ですし、例えば法務省など『法務キャリア支配が存在しない』なる権力構造からしてやはり異質です。しかし、そのような文化的差異を前提としてもなお、霞が関官僚の『公約数』を考えるのは容易です。というのも霞が関では、戦後から、時に戦前からじっくりと練り上げられてきた伝統芸能が（あるいは群雄割拠《ぐんゆうかっきょ》の戦国を統制する戦時国際法が）強く支配するからです。よって警察官僚は、『極めて独自的な庁内文化を持つが、霞が関官僚としては統一ルールに従って動く』生態を持つ——ことになります。

警察〈官僚〉としての御霊《ミタマ》

さてその統一ルール・統一文化・伝統芸能を考えるとき、警察〈官僚〉としての御霊《ミタマ》は（命、大事なもの、御本尊《ごほんぞん》、私のたったひとつの望み、可能性の獣、希望の象徴……等々のニュアンスでとらえてください）、何と言っても〈法令〉〈予算〉〈定員〉〈組織《ソシキ》〉です。法改正／予算要求／増員要求／組織改正とも言い換えられます。

――ただ重ねて、これらは警察〈官僚〉としての御霊《ミタマ》であって、〈警察〉官僚としての御霊《ミタマ》はまた視点・角度が違います。後者は例えば『都道府県警察を守り、導くこと』『風営法、道交法、暴対法といった所管《ショカン》法令＝排他的・独占的な解釈運用権を行使できる法令を守り、駆使すること』『警察組織の捜査能力』『警察組織の情報収集能力』『警察組織の行政権限』『個人の生命・身体・財産の保護＋公共の安全と秩序の維持』……等々となります。

警察官僚にはそうした〈警察〉としての御本尊と、先の〈官僚〉としての御本尊がありますが、（どこの役所でも図式は一緒ですが）、当然、後者は前者の基盤となります。

ここで、あらゆる組織のリソースとしてよく〈ヒト・モノ・カネ〉なる言葉が用いられますが、そうしたリソースが、例えば出版社なら『本を出して利益を得る』という御本尊の基盤でしょう。役所でも同様です。〈法令〉〈予算〉〈定員〉〈組織〉というリソースが、例えば『犯罪の検挙率を上げる』という御本尊の基盤となります。弾薬がないのに戦争はできません。燃料がないのに軍艦は動かせません。なら戦争に勝つという目的は達成されません。そしてこと警察の場合、最新の警察法改正により大きなパラダイム・シフトが生じましたが、大々原則としては、警察官としてのあらゆる職務執行／現場におけるあらゆる職務執行は、都道府県警察の権限であって、警察庁の権限ではありません。解りやすく言えば――警察庁本庁庁舎で殺人事件があったとして、そこには警部から警察庁長官まで警察庁警察官がうじゃうじゃいますが、誰一人その殺人事件の捜査等はできません。それは霞が関を管轄する警視庁（都道府県警察）のみができることです。要はこと警察の場合、イメージを優先して細かい議論を措けば、『具体的な職務執行』と『そのためのリソースの確保』が、国と地方、警察庁と都道府県警察とで、ハッキリ分業されています（細かいことを言えば、国費と県費の別など数多《あまた》の注釈が必要ですが、それは敢えて割愛《かつあい》します）。

警察ではそのように、『警察として活動し、治安を維持する』という御霊《ミタマ》と、『警察活動のリソースを確保する』という御霊《ミタマ》がハッキリ分業されていますので、よって警察官僚が警察庁にいるときは、『リソースを確保する』＝『法令・予算・定員・組織に万全を期す』

ことが、その命なり御本尊なり御霊《ミタマ》になります（といって重ねて、それが例えば『都道府県警察を守り、導く』といった御霊《ミタマ》の基盤となるのは当然です）。

現場警察官／都道府県警察がその責務を達成できるよう、中央省庁としてあらゆる手立てを尽くす。その本質的・中核的な手段が、法改正であり予算要求であり増員要求であり組織改正、ということになります。

そしてそのうち、最重要・最低限の常識にして、それができなければ警察〈官僚〉としての意味がない、役人として人権を認められない――そんな官僚のイロハ的伝統芸能が〈法改正〉です（なお語感としては変ですが、本書ではゼロベースからの新規立法を含めます）。

警察〈官僚〉の試金石《しきんせき》――法改正

我が国には令和4年現在、約2000の法律がありますが、その全ては必ず、どこか特定の省庁のどこか特定の課に『所管《ショカン》』されています。これは先のとおり、その課が『排他的・独占的にその法律を解釈運用できる権限を持つ』という意味です。

例えば警察庁なら、カンバン法律としては風営法・道交法・暴対法、あと所謂《いわゆる》ストーカー規制法等々を所管していますが（ビッグネームでないものなら他に幾つもあります）、それらは例えば警察庁保安課、警察庁交通企画課、警察庁暴力団対策課等、特定の課が解釈運用権を持つものです。なお中央省庁の統一ルールとして、「どの課がどの法律を所管しているか？」は法令で明確に定められ切り分けられますので、警察庁について言うと、『警察庁組織令』なる政令をネットで検索すれば、それは数秒で調べられます。

――この『解釈運用権を持つ』なる権限について、もう少し概観しましょう。

ここで当然、我が国のあらゆる法令の解釈権を持つのは、公民の授業のとおり裁判所です。裁判所の判断がファイナルアンサーで、役所にはそれに完全服従する義務があります。ですが裁判所は、いついかなるときも自由に解釈を出せるわけではありません。具体的な事件が発生し、それについての裁判を求められたときのみ解釈を出せます。ということは、法律に関する謎Aについては、それを争う具体的な事件が発生しそれが裁判にならなければ、永遠にファイナルアンサーが出ません。このとき、謎Aを『取り敢えず、実務者として』解釈できるのは役所、省庁です。この一時的な解釈を『有権解釈《ゆうけんかいしゃく》』といいます。

この『有権解釈』は、一時的なものでありながら、謎Aに関する裁判所の判例が出るまでは、適法なものとして運用されます。そして官僚実務上、判例よりも有権解釈の方が、量的には遥《はる》かに多くなります。

　これを要するに、例えば風営法を所管する警察庁保安課は、判例のない謎A、謎B、謎C……について実際上、判例に準ずる解釈を出せ、それに基づいて風営法を運用できます(そして重ねて、そう都合よく謎を解決してくれる判例など滅多《めった》に出ません)。

　このことは、市民からすれば——私も今は純然たる一《いち》市民です——「何と身勝手な!!」「三権分立はどうした!!」と思いたくなる在り方でしょうが……ただそもそも、法律の運用＝施行《セコウ》は、役所に合法的に委ねられています。有権解釈を出すのは適法・合憲です。

　まして私自身など、①明治時代施行の、②しかも滅多に裁判の起こらない、③まして1日に3件も4件もいやそれ以上も都道府県警察から「この謎Aはどういう意味でしょう?」「この謎Bはどう解釈したらよいですか?」「この謎Cはこういう意味でしょうか、それともこういう意味?」といった『コールセンター業務』を求められる、実に特殊な法律の担当官だったことがありまして……本当に困ったというか、「こっちとしてもそうそう有権解釈なんて出したくないけど(責任が発生して恐いから)、全部課長の決裁を頂戴《ちょうだい》して答案を出さないと各現場がパンクしてしまう……」なる実態を痛感しています。

　要は、役所が好むと好まざるとにかかわらず、客観的な現実として、役所が有権解釈を示してゆかないと全国の行政が回らない――というのが偽《いつわ》らざる実態です。

斯《か》くの如《ごと》くに、法律の解釈運用そのものが役所・官僚の御霊《ミタマ》なのですが、それは言い換えれば、『法律を合理的・適正に解釈運用してゆくのが、三権のうち行政権に属する官僚の本質的な義務』ということになります。いえもっと言えば、①それがいよいよ行き詰まったり、②突発重大の事象に対処しなければならなくなったり、③時代の激変に即応してアップデートをしなければならなくなったり、④どうしてもこれだけはやりたいという政策を実行に移したくなったりと、「もう解釈だけではどうにもならん!!」状況に至ったときは――いよいよ法律そのものを改正し、後顧《こうこ》の憂《うれ》いを断つ／政策目的を実現する必要が生じます。そんな絶対的な必要が生じます。法律の施行《セコウ》は役所の権限にして任務ですから。〈法律〉〈法改正〉が御霊《ミタマ》であることは、まずは右のように説明できます。

それに加え、更なる実態論を言えば――例えばデジタル化、例えば個人情報に関する意識、例えば情報公開に関する考え方、より具体の度を上げれば高齢運転者の交通事故問題、公共の場におけるジョーカー問題＝無差別通り魔問題、雑居ビル火災問題、年金と個人投資環境の問題、領収書の電子化問題にＦＡＸ文化問題……等々からも理解されるとおり、時代・社会の変化はいよいよ加速の度を強めています。よって、既存の政策は１年２

年でたちまち陳腐化《ちんぷか》します。そのようなとき、役所・官僚が、解釈運用権を持つ法律を5年も10年も放置しておくとすれば……そんな法律はたちまち使い物にならなくなりますし、何より国民の怨嗟《えんさ》と悪罵《あくば》を買うでしょう。正義にも適《かな》いません。不作為《ふさくい》の違法すら問われかねません。このような背景から、官僚実務においては「カンバン法律を2年も3年も改正していないのは恥そのもの」「主管課の能力とセンスを疑う」「沽券《こけん》に関わる」といった意識が生まれ、よって時として目的と手段が逆転するかたちで、「せめて3年に1度は法改正をする」「そのための政策課題を死んでも見つけ出す」というメンタリティ・強迫観念を抱くこととなります。これも、〈法令〉〈法改正〉が御霊《ミタマ》である理由となります。

……ここで、市民の立場からすれば当然、「法律は国会が／政治家が作るものでは?」という疑問が出てくると思います。それはそうです。公民の授業のとおり、憲法がそう定めていますから。よって最終的には、国会において可決成立されなければ、法律は生まれません(なお法律を改正できるのは法律だけなので、法改正もできません)。

しかしながら……法律の原案を国会に提出できるのは、国会議員だけではありません。内閣＝行政権もまた提出できます。これも積年の憲法実務・憲法解釈のとおり。まして実態論としては、ここ10年ほどを概観すれば、①1年間に成立した法律のうち、内閣が原案を提出したもの（閣法《カクホウ》）の数は、議員が原案を提出したもの（議員立法）の3倍～5倍にもなり、また、②閣法の成立率が――原案が実際に法律となった率が――90％超なのに対し、議員立法の成立率は20％未満です。端的《たんてき》には「我が国立法は内閣が主導している」こととなり、より端的には「実際に条文を書いているのは官僚だ」ということとなります。

――しかしこれは、一市民《いち》として考えても、その、仕方がありません。不可避です。

現代社会に必要となる法律は、超絶的に複雑精緻《せいち》なものとならざるを得ず（社会も事象も複雑なので）、よって法律を書く技術も当然、超絶的に複雑精緻なものとなってしまいます。行政法一般の素養が必要なのは最低限の要請ですが、それよりもむしろ、法制官僚伝統芸能としての『特殊極まる人工言語』の語彙《ごい》と文法と発音と書式を駆使できなければ、ただの1文字とて書けません。飽《あ》くまでも喩《たと》えですが、ガミラス語かゼントラーディ語をラテン語に翻訳した上でギリシア文字を使って詩編《しへん》に整える――以上の特殊能力が必要です。そんな異様な伝統芸能は、それを懸命に、屍《しかばね》を累々《るいるい》とさせつつ口伝《くでん》してきた霞が関官僚にしかありませんし、国会議員の先生方がわざわざマスターすべきものとも思えません。なおその『異様な専門性』について付言《ふげん》すれば、例えば風営法の神様とて、道路交通法にはまるで歯が立たない――なる現象も自然ですし、逆もまた然《しか》りです。要は、人工言語文法を駆使して表現すべき『内容』そのものも、課が違えば全く理解できず、隣は何をする人ぞ——と言いたくなる。それほど専門のタコツボ性が強い。それが現代の法律です。

したがいまして、警察〈官僚〉もまた、御霊《ミタマ》である法律の〈法改正〉を行いますし行わなければなりません。その大前提として、『法制官僚伝統芸能』＝『人工言語の語彙・文法・発音・書式』をマスターしなければなりません。そしてこれはほぼ口伝《くでん》の伝統芸能ですから、第1章で御紹介した、ゲンバゲンバした〈地方見習い〉を終え警察庁の〈見習い〉となったとき、いよいよ〈官僚〉として、進んで体得しなければなりません。ここで、理想的なのはまさに〈法改正〉を行う課に配置されることです。たちまち実働員としてまさに『見習う』ことができますから。そして〈法改正〉には霞が関官僚仕事のエッセンスが詰まっていますので——習字でいう『永』の字——見取《みと》り稽古《げいこ》の実を挙げれば、〈予算〉だろうと〈定員〉だろうと〈組織〉だろうと恐いものはなくなります。まさに試《し》金石《きんせき》です。

とはいえ、警察庁は特殊な危機管理官庁・取締官庁でもあることから、たとえ〈見習い〉とて直ちに『都道府県警察を守り、導く』方の御霊《ミタマ》に動員されることも多く——要は

〈法改正〉をする課には配置されないことも多く――すると、〈警察〉官僚としてはスキルフルでも、警察〈官僚〉としては後々《のちのち》苦しい場面が出てきます。例えば私の特に尊敬する上司は「若いうち警備公安畑《ばたけ》ばかり歩んでいたら、突然法令を審査する課長補佐を命ぜられ、本当に苦労した、いかに勉強が足りなかったか思い知った」と、よく酒席で御指導くださいました（私がお仕えした時点では、既に警察庁でも指折りの法制派・法律のセンセイでしたが……）。ただ無論、現場派・現場指揮官派として大成するという道はあります。

法制実務の実態

警察〈官僚〉が、警察庁甲《こう》課の課員として、所管するA法の改正を試みるとしましょう。

(1) 原案の作成――庁内意思決定

無論最初に必要なのは〈タマ〉です。実際にやりたいことの中身です。甲課として何を／何故やりたくて、それは誰に／何にどのような効果を生むのか。そしてそのような〈タマ〉を出し〈タマ〉を込めるためには、庁内・都道府県警察・国会・メディア・世論等々に、しっかりと〈アンテナ〉を立てていなければならないでしょう。

さて改正を試みるのは自分の課の所管《ショカン》法令ですから、元々内容には精通していますが（しているはずですが）、それを具体的にどう変えるべきか／そもそも変えられるかは、全く未知数です（時に絶望して「最低限、罰則だけいじって終わらせようか……」なる撤退論に襲われることも）。まして警察庁は、都道府県警察なる現場を持っていますから、『現場が喜び』『現場が使える』改正でなければ意味がありません。したがって、都道府県警察の意見を聴く手続も必要です。無論、警察庁本庁の庁内手続も同時並行で進めます。

――すなわち、甲課内で「やりたい!!」と思った段階で既に無数のタスクが発生し、とにかく手数・手勢が必要となります。よって、課内から員数を調達し臨時編成の〈A法改正PT〉（＝プロジェクトチーム）を起《た》ち上げます。

その物理的な場所は、局内にちょうどよい小部屋があればそこ、無ければ甲課内のパーテの奥、果ては甲課内の片隅。その編制は例えば、〈理事官・警視正1〉＋〈課長補佐・警視2〉＋〈係長・警部補3〉等で、動員できるなら他課の見習いや、留学準備中の課付《かづき》警視（課長補佐未満）も調達します。季節としては、国会の日程に鑑《かんが》みて、法改正を実現したい年の前年の夏～秋から。余談ですが、この〈A法改正PT〉が所在する場所のことを、霞が関用語で〈タコ部屋〉といいます。タコ部屋のPTメンバーは、法改正専従員として、甲課の通常業務からは能《あた》うかぎり切り離されます。

このように、胴元《どうもと》はA法主管課の甲課（のPT）となりますが、無論A法改正は警察庁としての最重要課題となりますし、先述の閣法《カクホウ》となるからには内閣の意思決定＝閣議決定が必要です。要は、少なくとも内閣総理大臣までの意思決定が必要です。よって〈A法改正PT〉としては、所要《しょよう》の段取りを経て、警察庁としての意思統一を図る必要があります。

甲課内で原案を叩き甲課長（警視長）までの意思統一をするのはアタリマエですが、次に甲課の属する『局』の意思統一も図らねばなりません。すなわち〈A法改正PT〉は局内関係課、特に局内筆頭課《ヒットウカ》とああでもないこうでもないとギリギリ協議・検討をし、それが煮詰まったと思えたら局内の〈理事官会議〉（各課No.２会議）等に掛け、次いで〈局長検討会〉〈局議《キヨクギ》〉等に掛け、いよいよ甲課のみならず『局』としての原案を固めます。

無論、『局』としての原案が固まれば、もちろん『庁』としての意思決定もしなければなりません。根回しの段階、検討の段階、最終決定の段階……等々で幾度も意思決定手続が必要ですが、例えば〈次長説明〉↓〈長官説明〉、例えば〈審議室《シンギシツ》〉↓〈局議《キヨクギ》〉↓〈庁《チヨウ》議《ギ》〉→〈国家公安委員会〉なる、いかにも官僚組織的な意思決定ステップを踏んでゆきます。

(2)　庁内審査

法律案について『局』としての意思統一ができた段階で、私の時代でいう〈総務課審査〉が必要となります。今は〈企画課審査〉でしょうか。大きな組織改正がありましたので。ともあれ、『警察庁内で文書審査の権限を持っている課』の審査を受けます。担当企画官（法律のオバケ的上位の警視正等）主催ですが、実際の審査は担当課長補佐（法律のセンセイ的警視）が回します。こと法律案となれば、警察庁として恥ずかしくないものを＝法制官僚伝統芸能として恥ずかしくないものをキッチリ固める必要がありますので、一字一句をギリギリと詰めてゆきますし、再検討・再調査の宿題も出ます。といって、ここで頓《とん》挫《ざ》してしまうようなら鬼の内閣法制局審査など通らないので、身内が厳格な審査をするというのは、大事な安全装置でフェイルセーフでしょう。というのも、時折ニュースにもなりますが、いよいよ国会に提出してしまった――だからガチガチに詰められているはずの――法律案に、たとえ1字でもたとえマルポツでも誤字がありますと、警察庁でいえば長官・担当局長・担当課長等々がまるっと懲戒《ちょうかい》処分を食らって何ら不思議はありません。私自身、結局成立してしまったX法令の誤字で、なんと罰則の意味が通じなくなり、よって都道府県警察に対しあわてて「しばらく使わないで!!」と事務連絡を出した記憶があります。条文の意味が通らなければ逮捕も検挙も何もないので……そしてここは行間に多くを委ねますが、当該《とうがい》X法令は内閣法制局の審査を経ていないものでした。だから部下と一緒に、「やっぱり法制局審査は大事だよね……」と嘆息《ためいき》を吐いたものです。

(3)　法制局審査

そもそも〈内閣法制局〉というのは内閣そのものに置かれ、内閣を法制的な面から直接補佐する官庁です。メディアは『憲法の番人』なる呼び方をしますが、霞が関官僚にとっては『現代行政法体系の番人』『現代行政法秩序の番人』です。要は全ての省庁が成立させてもらおうとする全ての法律案等について、『番人』『門番』『ゲートキーパー』の責務を担う、恐るべき審査官庁です。先の閣法《カクホウ》について言えば、内閣法制局なるゲートキーパーが納得の上ハンコを押してくれなければ、どんな原案も絵に描いた餅《もち》。そして納得の上でハンコを押してもらうのは、時間的・物理的・精神的に並大抵のタスクではありません。もちろん警察〈官僚〉も霞が関官僚ゆえ、職業人生を通じ最も胃が痛くなるタスクの1つが『法制局審査』でしょう。いえ、これが楽しくて楽しくて仕方が無い、という天才もいますが……

閣法《カクホウ》について言えば、原案を作成するのは例えば警察庁（各主管官庁）ですが、その可決成立・制定を求め原案を国会に提出するのは今度は『内閣』です。すると内閣の「原案を国会に提出しますよ～」という意思決定が必要なので、閣議決定が必要。だから例えば警察庁は、要旨《ようし》「これこれこういう原案を国会に提出して頂きたいので、いよいよ閣議をお願いしたいのですが……」という、閣議の求め＝閣議請議《かくぎせいぎ》をすることとなります。

――ここで、内閣法制局はいわば内閣直轄の、内閣のためのゲートキーパーですから、内閣にそのような閣議の求めが為《な》されてから審査をする、というのが道理というか筋。実際、筋論・建前論としてはそのように決まっています（＝いわば本審査）。ところが、法律案の審査というのは前述のとおり、物理的・時間的・精神的に並大抵のタスクではありませんから、本審査の正式な手続をとる遥《はる》か以前から、恐ろしいほどのコストを掛け、じっくりと、緻密《ちみつ》に粘着的に行う必要があります。よって、今論じている場合で言えば、夏～秋に起ち上がった甲課《こう》の〈A法改正PT〉は、閣議請議が翌《よく》新春（2月とか）とすると、既に秋～冬の早い段階で（10月とか）、内閣法制局詣《もう》でをして事前の／実務的な／ガチガチの審査を求めます。これを内閣法制局自身も『予備審査』と言っていますが（実務用語としては『下審査《したしんさ》』）、実は予備審査こそが本番で、予備審査こそが実際に『ゲートキーパーに鍵を開けてもらう』最重要のタスクとなります。

その法制局審査の実態ですが——穏当に言えば口頭試問《こうとうしもん》・ゼミ、言葉を選ばなければ査問《さもん》です。開催場所は、警察庁から見れば外務省の裏手、財務省上《うえ》の交差点目指して坂を上った所にある『中央合同庁舎4号館』。もっと具体的には、実際に審査の主体となる〈内閣法制局参事官《さんじかん》〉の執務室直近の、審査用テーブル席。茶の天板のテーブルに、しみじみする青灰色の椅子がいかにも役所らしい席。その広めのテーブル席に、今用いている例で言えば警察庁の〈A法改正PT〉のメンバーと、あと警察庁の審査担当課の課長補佐・係長、そして右の〈参事官〉と参事官付《づき》がこぞって座り、延々と議論を繰り広げる……というか延々と口頭試問／査問を受け続けることとなります。無論、審査していただく以上、全てこちらから重い鞄《かばん》や風呂敷包《ふろしきづつ》みを持っての出撃となります。

審査の1ターンが2時間～4時間ほど。結局『鍵を開けてもらうまで』のトータル開催回数は——記憶できないほど多いですが——20回～30回ほど。

ちなみに審査者たる〈内閣法制局参事官〉は、各省庁からの出向者であるのが常で、実は警察庁の場合、警察庁から出向して〈参事官〉を務めている警察キャリアが審査者となります（出向すると警察官でなくなるので階級はありませんが、その正体は警視長＝本庁課長級です）。ここで先述のとおり、〈A法改正PT〉のトップは理事官（警視正）ゆえ、外観上は、理事官が直近上位者の課長の『説得』をすることとなりますが、そもそも霞が関一般のルールとして『ゲートキーパーの権能は無限』『ゲートキーパーのツッコミはルール無用』な上、まさか警察キャリアの身内だからと手心が加えられるはずもなく……逆に身内だからこそそんなことはできないし、身内だからこそ完璧を期す必要もあるでしょう……よって口頭試問・ゼミ・査問はどのみち苛烈《かれつ》を極めます。

話し始めればキリがありませんが、審査の実態を若干見ておくことにしましょう。

ゼロベースで、ナンデモアリです。

当然「こんなの全然ダメ」「必要なし」「却下」もあり得ます（私自身、法律ではありませんが政令で、警察庁審査を通った原案が物の30分で蹴散《けち》らされた恥ずかしい経験があります）。そういうダメな子の恥ずかしい例は別論としても……法改正の原案は大抵、「ここがダメ」「ここはクズ」「ここはバカ」「常識あるの？」「本当に役人？」（注・イメージです）等々といった理由から、次々と修文《しゅうぶん》をしてゆくエンピツの書き込みで真《ま》っ黒々《くろくろ》が上にも真っ黒々になり、A4用紙に印字された原案の文字がもう見えなくなるほど。

もう少し真面目に説明すれば、〈参事官〉が着目するのは――①憲法や今現在の全ての法律から成る法体系と矛盾しないか、②そもそも〈A法改正PT〉がやろうとしている中身が法学上・法制実務上受け容れられるものか、③やろうとしている中身がちゃんと特殊言語・特殊文法によって正しく翻訳されているか、④組み立ててきた条文の配置・順序が条文の性質からして真っ当か、⑤無論のこと用字用語のミスはないか、等々です。すなわち〈参事官〉の側も大変です。警察キャリアの内でも、法制官僚のオバケ／神様レベルでなければ務まりません。といって、そんなオバケ／神様に一字一句、1フレーズずつ、1条文ずつ『詰められる』理事官以下も大変です（改めて御紹介するのも恥ずかしいほど周知の霞が関ジョークに「1条に3時間掛けるから参事官」なるものがありますが、「1条に3時間なら有難《ありがた》い」「1条が3日で終わったら有難《ありがた》い」というのも霞が関の常識です）。

実際にどのような指摘があるかは、極めてテクニカルゆえ、その説明だけで新書が1冊書けてしまいます。よってイメージ形成のため、『とあるミステリ作家』の『ワープロ原稿原案』に対し審査が入る――なるデタラメな状況を想定すれば、〈参事官〉が指摘してくるのは、優しいものを挙げれば、「令和の老人の名前が『乙松《おとまつ》』はありえないでしょ。実際の例はあるの？　他の作家の作品では高齢者にどんな名前が使われているの？」「登場人物の栄子さんは『ら抜き言葉』で由香里さんはそうじゃないけど、その意図は？　性格的なエビデンスは？　ここ10年の我が国における『ら抜き言葉』の使用頻度《ひんど》のデータはあるの？」「台詞《セリフ》の「」の直後に地《じ》の文《ぶん》を続けるのは許されるの？　今現在それを採用している作家の実例と割合は？」「台詞《セリフ》の「」内で改行をしているけれど読みづらい。それにここで改行をしたら、発言の意図がＡＢＣ３通りに読み取れてしまうことになる」「氷の橋ができるまでの現実の所要時間と必要資材と耐久力の方程式を資料にして出して。あとこれどうやって対岸にロープ渡すの、そのプロセスを具体的に書かないとトリックそのものが認められない」「スケキヨさんの仮面を剝《は》ごうとする者がいないのは何故？　その対策は？　スケキヨさん本人はどう思っているの？」「舞台が大阪だけど登場人物の言葉遣いに無理がある、街から駅から道路から全部東京に直して」「この犯人が断崖絶壁《だんがいぜっぺき》の上で演説している内に警察官が取り押さえなくてもよい合理的な理由をペーパーにして」「シリーズ1作目と今作で、送り仮名の遣い方が違う用語が59ある、論外」「真犯人を限定するロジックに少なくとも6か所穴がある。すると論理的な推理結果は少なくとも98通りになる。明朝までに穴を塞《ふさ》ぐか推理結果を加筆するかすること」「この段階で探偵が私人逮捕をするのはあり得ない、プロットそのものを変えること」「第2章第2節にあるこの館の構造からすれば、第4章第1節の暖炉が燃えているはずがないので、敢えて暖炉で手紙を燃やす意味が見出し難《がた》い」――「読者への挑戦状が『ですます体』である理由は？　意図は？　令和に入ってからの実例は？」等々等々、中身・形式のいずれにもわたる、ゼロベースでナンデモアリの、しかも必ずたくさんの宿題を伴う御指摘を無数に受けることとなります（重ねてイ、メ、ー、ジ、です。法学・法制実務は極めて理系的というか、論理学的・数学的な純度を必要としますので、御指摘・宿題は、時に相対性理論や不完全性定理の議論ほど難解なものとなります。私自身、最初に係長としてメモ取りに従事したときなど、〈参事官〉の指摘も理事官の回答もアブラカダブラで意味すら解らず、まして言葉の『対局スピード』が矢鱈《やたら》と速いので、「議事録すら作れないや……」と途方《とほう》に暮《く》れた記憶があります）。

とまれ、宿題を含め〈参事官〉に提出すべきあらゆる資料は、〈A法改正PT〉にとって最優先いえ超最優先の課題となります（議事録が大切な所以《ゆえん》です）。宿題も警察庁の審査担当課の審査を経る必要があります。というかそれ以前に、相対性理論とか不完全性定理とかの難問に対する回答を、たいていは一晩二晩で準備しなければならないので、東大卒だろうが京大卒だろうが何だろうが、『出口がサッパリ見えずに頭を抱える』『そもそも出口は無いのではないかと絶望する』シーンが少なくありません。

……そのような、時間的にも物理的にも精神的にも極めて追い詰められる『対局』を20回も30回も経て、いよいよゲートキーパーたる〈参事官〉の了解が得られれば、実質的な法制局審査は終わります。そのときは既に味方となってくれる〈参事官〉が、内閣法制局内の意思決定を行ってくれ（法制局2部長審査など・2月）、よって、次の霞が関名物あるいは風物詩《ふうぶつし》の段階となります。すなわち各省協議――霞が関用語でいう〈合議《アイギ》〉です。

(4) 合議

法改正の各省協議を〈法令合議《アイギ》〉といいますが、霞が関の合議《アイギ》だと法令合議《アイギ》が圧倒的に多いため、裸で〈合議《アイギ》〉といえば真っ先に法令合議《アイギ》を思い浮かべます。とまれ、合議《アイギ》というのは協議、正確には『関係者全てが合意するまでの協議』です。〈A法改正PT〉が胴《どう》元《もと》となる場合、やっと法制局審査を終えた法改正案についての〈法令合議《アイギ》〉となります。〈A法改

ここで既述《きじゅつ》のとおり、閣法《カクホウ》については閣議請議《せいぎ》→閣議決定が必要となります。さらにここで、内閣とい

正PT〉の法改正案は、内閣が国会に提出するものだからです。

うのは会議メンバー全てから成る『合議体《ごうぎたい》』です。内閣総理大臣といったヒトではなく、関係するヒトから成る合議体そのもの、そうしたモノが内閣です。そしてこの場合、関係するヒトというのは、公民の授業のとおり各省庁の大臣です。よって、内閣が法改正案を閣議決定するとなれば＝内閣がその意思決定をするとなれば、各省庁の大臣全ての合意が必要となります。各省大臣全てが『内閣』なるモノを構成するからです。

――これを実務の観点から見ると、警察庁〈A法改正PT〉が内閣の意思決定を求めようとするのなら、全省庁の合意を得なければならないと、そういうことになります。最終的に閣議に出るのは大臣ですが、それは各省庁代表として出るのですから、大臣個人の合意・納得ではなく、大臣が統治する各省庁＝各省庁の局／部／課の合意・納得を得なければなりません。さもなくば閣議を求めることはできません。より実務的には、その前段階のハードルである〈次官連絡会議〉を――私の時代では〈事務次官等会議〉でしたが――クリアすることができません。

これらを要するに、〈A法改正PT〉の法改正案が閣議決定されるためには（だからいよいよ国会提出されるためには）、各省庁の事務次官＝役人トップによる〈次官連絡会議〉の議を経なければならず、だからそれ以前に、各省庁の各課レベルに至るまでの完全合意を取り付ける必要があるのです。そのため、〈A法改正PT〉＝警察庁が胴元《どうもと》となって、霞が関の全省庁に対し「こんなんできましたけど、御質問御意見はありますか？」と訊くかたちで、御意見頂戴《ちょうだい》のプロセスあるいは洗礼を経なければなりません。裏から言えば、この場合、胴元たる警察庁以外の全省庁は、それぞれの縄張りに関するかぎり、あらゆる質問・意見を提出することができます（縄張りに関係ない難癖《なんくせ》はダメ）。とまれ各省庁は、法改正案についての疑義と回答とをペーパーで証拠化できるほか、法制局審査を終えているため滅多《めった》にありませんが、法改正案の修文《しゅうぶん》をさせることさえできます。というのも担保手段として、「ウチの役所は合意しません」（閣議決定させません）という霞が関最終兵器を持っているからです。私の時代はこの最終兵器のことを〈事務次官等会議で手を挙げる〉と呼んでいました。無論、「シャンシャン大会にはさせないぞ」「反対意見を言っちゃうぞ」――という意味です（なお右では全省庁、全省庁と繰り返していますが、内容や相手方《あいてかた》の性質により、合議《アイギ》先の数は必ずしも固定的ではありません）。

とまれ、こうなると見やすい道理ですが、〈A法改正PT〉としては――重ねてやっと鬼の法制局審査を終えた所ですので――どのような意見も基本、受け容れたくはありません。またどのような質問に対しても基本、『余計な』意見や『余計な』解釈に結び付かぬよう＝言質《げんち》を取られぬよう、『斬っては捨て斬っては捨て』のスタンスで臨《のぞ》むこととなります（「応じられない」「認められない」）。

他方、合議《アイギ》を仕掛けられた各省庁としては、最低限、自らの省庁の権限・縄張りに……まあ既得権益に……何の悪影響もないことを確認しておかねばなりませんし、「何か疑わしい」「どうやら一歩踏み込まれている」「将来的な突破口とされうる」等々と感じれば、「第3条第1項に規定するXの意義を教示《きょうじ》願いたい」「第58条第1号に規定するY等の「等」に含まれるものを具体的、網羅的《もうらてき》かつ詳細に教示願いたい」「第12条第2項中、「Zしなければならない」を「Zするものとする」と改められたい」「第8条第1項第6号を削除されたい」等々と、私の時代でいう〈紙爆弾《かみばくだん》〉をFAX等でガンガン送りつけることとなります（近時は電子化されていますし、露骨な権限争い・内ゲバは見苦しいという常識が共有されているとも聴きますので、〈紙爆弾〉は死語なのかも知れませんが……私の時代は最初の係長が起案する質問が30問、意見が5個あたりはまあ穏当な相場で、A4用紙にして1枚ということはまずありませんでした）。

……まして、決して褒《ほ》められた仕事のやり方ではありませんが、合議《アイギ》を受ける側としては、『自分に都合の良い解釈を言わせ、紙で残す』果ては『他人の法改正に便乗して、低コストで自分のやりたいことをも盛り込ませる』という遣《や》り口《くち》も可能でして、この場合は、縄張りを死守するというよりむしろ侵略・強奪のため、ネチネチと質問・意見を出すこととなります。それができるのも、無論、最終的には右に述べた最終兵器があるからです。

さて今の例で言えば、〈合議《アイギ》〉の胴元は法改正をしたい警察庁ですが、無論、攻守《こうしゅ》さかしまになるケースは腐るほどあります。道理は全省庁につき同じです。

よって全省庁共通規格の霞が関ルールとして、合議《アイギ》の時間的制限が定められています。所謂《いわゆる》『48時間ルール』です。すなわち、協議開始から質問締切までが48時間、質問締切から意見提出までが48時間です（なお経験談ですので変更があったかも知れません。この短さも超過勤務の大きな原因でした）。

……ただそこは霞が関官僚のこと。1度質問を出して終わり／1度意見を出して終わり、などということはありません。よって、①協議開始→質問→回答→質問……と『再質問』が行われる場合、あるいは、②意見提出→回答→意見提出……と『再意見』が出される場合は、今度は所謂《いわゆる》『3時間ルール』が適用され、回答から起算して3時間は、再質問／再意見のための時間を空けねばならないこととされていました。これについても実体験を述べれば、再質問・再意見どころか『再々質問』『再々意見』はザラ。白熱してくると『第7次意見』『第10次意見』なんてものまで出されます。そうなると、時間的制約からしてリアルタイムの電話での応酬《おうしゅう》となり、果ては理事官・課長クラスによる直接折衝《せっしょう》となります。といって、ほとんどの場合――お互いが気持ちよく納得するかは別論――私の時代でいう〈事務次官等会議で手を挙げる〉ことになどなりません。どうしてもというなら言質《げんち》をとる／与える／紙で残して一緒にハンコを突くなどして、お互いの『メンツが立つ落とし所』に収めます。昔はそうした〈覚書《オボエガキ》〉を幾枚も幾枚も遣《や》り取《と》りしたものでした。

　このような合議《アイギ》においては、警察庁〈A法改正PT〉が胴元であるときも、さかしまに警察庁が協議を求められるときも、大抵は課長補佐（警視）＝係長（見習い警部）のコンビ、特に係長が主導して話をまとめます。このとき、係長の属人的《ぞくじんてき》なキャラクターによっては「警察庁には猛獣がいる」「警察庁の甲課の見習いは●●●●だ」等々と、特に利害関係のある官庁に呆《あき》れられ／恐れられることになります（事情はお互い様ですが……）。

(5) 議員先生関係

以上、〈法改正〉における役所／役人の仕事を概観しましたが、それは壮大なる序章です。技術的・専門的には本章そのものですが、権力構造的にはまるで違います。これまでの例に従えば、原案作成が警察庁〈A法改正PT〉、ゲートキーパーが〈内閣法制局〉、合《アイ》議先《ギ》が〈警察庁以外の各省庁〉ですが、それらは全て役所／役人の仕事。しかし公民の教科書どおり、法律を制定できるのは国会だけです。法律が制定されるのは、議員先生の多数決で、原案が可決成立されたときだけです。すなわち最終的な決裁権者《けっさいけんじゃ》・決定権者は議員先生です。議員先生方がウンと言ってくれなければ全て画餅《がべい》です。

よってこの場合、警察庁の〈A法改正PT〉は、様々な段階で、局／庁のリソースを動員して、所謂《いわゆる》〈議員先生根回し〉を実施します。既に法改正の試案の段階で実施しますし、前述の閣議決定の前段階で実施しますし（2月。ここで〈与党審査〉があります）、イザ国会審議となる際にも実施します。

相手方《あいてかた》は議員先生ですから、局長（警視監）／審議官（警視監）／筆頭課長・担当課長（警視長）といった上級幹部が、係長（見習い警部）あたりを鞄《かばん》持ち兼《けん》メモ取りとして随行させ、自ら議員先生の下へ御説明に上がります。そのため〈A法改正PT〉は、Excel

シートで何頁にもなる日程表あるいは御説明先リストを管理／逐次《ちくじ》更新し、誰に／どの上級幹部が／いつ御説明に上がるのかあるいは上がったのか、組織的かつ緻密に管理します。

〈議員先生根回し〉は警視監・警視長がプレゼン者として出向く重要タスクですが、しかし、これにより見習い警部が鍛えられる点も重要です。随行は鞄だけ持っておればよい、というものではありませんから。例えば、局長車その他のプレゼン者用お車の確認。どの資料を何部用意しておくかの確認。相手方の議員先生の基礎データ・御関心《ごかんしん》事項の確認。いきなり話題に振られそうな、警察庁としては常識的な事項の事実関係・統計の確認。同じくいきなり話題に振られそうな、近時の突発的なニュースの確認。上級幹部では回答不能と見込まれる、法改正の『細かい所』『担当者しか説明できない所』の確認。国会バッジの確認。タクチケの確認。そもそも同席したのは全部で何人でそれぞれどこの誰だったかの確認。説明結果・質疑応答・各種雑談内容を浄書《じょうしょ》するための確認。即報《そくほう》事項の有無の確認……そうしたしみじみしたことは、まさかプレゼン者である局長等の上級幹部がやってくれるはずもありませんので、全て随行者の気配り／段取り／センス如何《いかん》に懸かっています。これは既述《きじゅつ》の『都道府県見習い』（22歳〜）から帰ってきたばかりの『見習い警部』（23歳〜）であっても直ちに／完璧にこなせなければなりませんので、配置によっては実務2年目から気配り／段取り／センスを大いに磨け、また磨かなければならないこととなります。私自身、特に審議官（警視監）と鞄《かばん》持ちとしてコンビを組ませて頂いて、議員先生行脚《あんぎゃ》をした経験がありますが、議員先生の側は──個人的には嫌な経験をしたことはありません──とても自由闊達《かったつ》にお話しになるので、特に時事問題や他課の所掌《しょしょう》する問題の話題を振られたとき、審議官はどこで言葉をお詰まらせになるか、説明が途切れたとしてどこまでシャシャるか、いやそもそも自分の知識でシャシャれるのか……等々と、ニコニコと御機嫌な議員先生の前でもいつも汗を掻きっぱなしでした。

──なお、以上で用いた例を用いますと、〈A法改正PT〉が行う「改正内容をどうするか？」「やりたいことをどう書くか？」「指摘事項・宿題をどう処理するか？」といった、中身に関する仕事を霞が関用語でサブスタンス──〈サブ〉といい、右のような確認／段取り／調整／庶務的事項に関する仕事をロジスティクス──〈ロジ〉といいます。そして〈ロジ〉は何も議員先生対応の場面に限られるわけではなく、例えば合議《アイギ》における日程管理や幹部折衝《せっしょう》の段取りも〈ロジ〉ですし、法制局審査における資料の部数や書式の確認、議事録の作成、膨大《ぼうだい》な量になる新旧様々なデータの管理、果てはお茶・コーヒーの準備（のための適当な小銭等の準備）もまた〈ロジ〉です。やりたいこともちゃんとでき、そのための段取りもちゃんとできる——すなわち〈サブ〉も〈ロジ〉も、というのが霞が関官僚の作法です（私は落第生なので、作家なんぞをやっていますが……）。

その他の御霊《ミタマ》——〈予算〉〈定員〉〈組織〉

以上では、〈法改正〉なる御霊《ミタマ》について、いささか詳細にわたって述べてきましたが、詳細に述べたことには理由があります。

というのも、霞が関官僚にとって——だから警察〈官僚〉にとって大事な仕事のエッセンスは、全て〈法改正〉に詰まっているからです。習字の『永』の字です。

具体的には、①庁内手続＝庁内意思決定の在り方。②法制局審査＝ゲートキーパーとの対峙。③法令合議《アイギ》＝各省庁との協議の仕方に作法。④議員先生根回し＝政治との関係。そして無論、⑤伝統芸能としての『特殊極まる人工言語』の語彙《ごい》と文法と発音と書式の修得。⑥それにより真っ当な公用文が書けるようになること。⑦〈サブ〉のための〈ロジ〉が組め、できること。これらは警察〈官僚〉にとっても、必要不可欠な仕事のエッセンスです。

――先に、警察〈官僚〉としての御霊《ミタマ》は何と言っても〈法令〉〈予算〉〈定員〉〈組織《ソシキ》〉だと述べました（法改正／予算要求／増員要求／組織改正）。そして御霊《ミタマ》の筆頭たる〈法改正〉のエッセンスは、実は〈予算〉〈定員〉〈組織〉のエッセンスとほぼ一緒です。

ここで、公民の教科書どおり、我が国で予算編成実務を担当するのは財務省です。報道どおり、各省庁は財務省に予算要求をすることとなります。そして財務省が原案を固めれば、それは内閣の原案として国会に提出されます。さらに憲法が定めるとおり、原案を審議して議決できるのは国会です。『各省庁↓財務省↓内閣↓国会』。この図式は、そうです、法改正の図式と全く変わりません。大きな違いは門番、ゲートキーパーだけです。法改正の場合、ゲートキーパーは内閣法制局でした。内閣法制局がウンと言わなければ、どのような法改正も――省庁の側からは――できないのでした。〈予算〉においてそのような権限と事実上の威光を有しているのが、財務省となります。①原案を叩いて叩いて叩かなければならないこと、②しっかりしたロジックとエビデンスが必要なこと、③厳しい口《こう》頭試問《とうしもん》あるいは査問があって宿題も多数出ること、④「議論の余地なし」「却下」もあり得ること。ただしいったんゲートキーパーが了承してくれたなら、⑤以降は味方としてともに実現を目指してもらえること。それらのことは、〈法改正〉とまるで一緒です。

となると、あとはもう御想像いただけると思いますが、〈定員〉＝人を増員してくれ、という要求の場合も、〈組織〉＝係／課／部／局を変えさせてくれという要求の場合も、実は同じ議論になります。〈定員〉〈組織〉の場合、ゲートキーパーはともに〈内閣人事局〉（かつては総務省）となり、その査定・審査あるいは査問を受けることとなります。

このように、霞が関官僚にとっては——だから警察〈官僚〉にとっても——『ゲートキーパーをロジックとエビデンスで説得し、その審査を突破すること／政策目的実現への鍵を開けてもらうこと』が、超絶的に重要な仕事のエッセンスです。イロハのイ、基本のキの字にして、霞が関用語でいう『一丁目一番地』（＝最優先）のスキルです。このスキルと、すぐ後述する〈国会対応〉のスキルがあれば、警察〈官僚〉としてどうにか人権が認められます。警察官僚、なる語感からして意外な印象をお持ちになった読者の方もおられるのではないでしょうか。ただ警察官僚もやはり〈官僚〉ですから、霞が関の警察庁本庁に勤務するかぎり、役人仕事がとことんできなければならず、そこに〈警察〉官僚としての独自性は——すぐに後述する〈本来業務《ほんらいぎようむ》〉以外——さほどない。それが実態で生態です。

なお、霞が関には制度的にあるいは伝統的に、右に述べた以外のゲートキーパーも数多《あまた》存在します。極めて大雑把《おおざっぱ》に言えば、例えば新たに設ける『規制』に関することは総務省（行政管理局）、『地方自治』に関することも総務省（旧自治）、『予算』に関することはもちろん財務省（主計局）、『罰則』に関することは――例えば法改正の中身として刑罰を科する条文を新設するなど――法務省（刑事局）、等々。あと実は警察庁自身も、「新設予定の罰則が現場で実際に運用できるかどうか？」等の観点から、それについて他省庁のゲートキーパーとなります。大雑把な一般的として言えば、『各省庁が御霊《ミタマ》にしているものについては、その省庁の説得と審査が必要だ』ということになります。

国会対応

以上、警察〈官僚〉としての仕事・生態について述べてきましたが……〈法令〉〈予算〉〈定員〉〈組織〉のいずれも、いわばオフェンスです。厳しい査定・審査はありますが、「これがやりたい!!」から「こういうリソースが欲しい!!」という企画立案と要求です。他方で、警察〈官僚〉には――他の霞が関官僚とほぼ同様に――ディフェンスの最重要タスクがあります。それは〈国会対応〉です。

これは広義には、議員先生のあらゆる求めに出前迅速《でまえじんそく》で対応することですが（レクの求め、資料の求め、ヒアリング出席の求め、勉強会出席の求め、意見提出の求め……）、通常この言葉が指すのは、霞が関・メディアともに『国会質問に対応する仕事』です。

――国会では、公民の教科書どおり、またＮＨＫがＴＶ中継しているとおり、議員先生が内閣総理大臣／担当大臣に質問をします。これは国会議員の絶対的な権能《けんのう》です。

ここで、〈法改正〉の説明のとき、①時代・社会の変化が加速の度を強めていること、②現代においては社会も事象も複雑化していることを述べました。よって、③それに対処するための〈法改正〉は超絶的に複雑精緻《せいち》となり、④議員先生がその『異様な伝統芸能』『異様な専門性』をマスターするのは常識的にいって変だ、という旨《むね》も述べました。

このことは概《おおむ》ね、内閣総理大臣についても担当大臣についても妥当します。

すなわち〈法改正〉に限らず、現代行政そのものが複雑精緻《せいち》に過ぎ、超マニアック／超ニッチと言えるほど専門性が高く、よって官僚自身ですら、一般論としては、自分の課のやっていること／やってきたことしか解りません。情報がないという意味でなく、内容が理解できないという意味で解りません。まさに『隣は何をする人ぞ』です。重ねて、官僚自身ですらそうなのです。まして官僚でない内閣総理大臣／担当大臣がどれだけ優れていようと、自ら現代行政の全てを・詳細に実態把握し理解しておくことは本質的に不可能です。ヒトには無理です。警察庁の施策《せさく》でいえば、しみじみする例ですが「店舗型ファッションヘルスと無店舗型デリバリーヘルスとでは、規制の在り方がどのように違うのか？」「駅構内でビニール傘が拾得されたとき、駅関係者にはどのような義務が課されているのか？」「警察が情報収集したテロリストに関する情報を、部外《ブガイ》の一般人に提供してよいのはどのような場合か？」等々は、警察官僚でも、担当課の課員でなければ／その経験がなければ、取り敢えず「？」となります。内閣総理大臣／担当大臣は言うに及ばずです。それがむしろ自然で道理です。

と、なると。

内閣総理大臣／担当大臣が国会質問に対して答弁をするためには――各議員先生の「Q」に対して「A」を出すためには――常識論として官僚の、しかも問われた内容を主管する担当課の官僚の、事前準備が必要不可欠となります。いえ、もし国会答弁がもっと自由で、知っていること考えていることのみを答弁すればよく、誤り・ミスがあればいつでも事後訂正できると、そういう慣行であれば役人の出番はなくなるでしょう。しかし我が国の国会慣行はそうではありません。〈法改正〉ほどではありませんが、どうでもよい言い回し・口調の違いは別論、①一言一句が正確でなければなりませんし、②無論のこと内容に誤り・ミスがあってはなりませんし、③基本、事後の訂正も想定されていません。④過去の答弁との矛盾も絶対的に許されません。要は、NHKが中継するあのライヴで、一発勝負の完璧な台詞回しが求められるのです。固有名詞や専門用語、果ては統計の数値の一桁《ひとけた》に至るまで、『完璧』であることが我が国国会答弁の大前提です。

霞が関名物・想定問答

――ここで、私自身もまた私の同僚も、『被弾率』『御指名率』が高い課で勤務していたとき、口を揃《そろ》えて「間違っていたら間違っていました御免《ごめん》なさい訂正しますでいいじゃないか……」「一晩未満で完璧なものができるわけないじゃないか……」と愚痴《ぐち》を零《こぼ》しあったものですが、無論そんな泣き言は許されません。官僚が処分されるだけならまだしも(?)、実際に答弁をする内閣総理大臣/担当大臣の責任が問われますし、それを突破口に不信任だの倒閣だの、たちまち物騒な話になりますので。

そこで警察〈官僚〉を含む霞が関官僚は、イザ『被弾』『御指名』があると何を措《お》いても最優先で、完璧な台詞《セリフ》回しの台本＝〈想定問答《そうていもんどう》〉を作成することとなります。大抵、A4一枚紙ずつ『Q&A』を書き起こしてゆきます。よって5問あれば5枚、10問あれば10

枚となるほか、一枚紙に収まりきらない参照条文・参考統計・過去の答弁結果・類似の答弁内容といった資料も、カッチリ準備・添付されます。

その答弁の作成責任があるのは『担当課』ゆえ、例えば警察庁が被弾する事態というのは、要は警察庁のどこかの『担当課』が被弾した事態です。よって『被弾したA課は徹夜で他のB課は解散』というのも全く自然です（隣は何をする人ぞ）。そして自分の課が被弾したかどうかは、メディアでも有名になっている議員先生の『質問通告』＝「私はこれを訊きますよ」という意思表示によって判明します。これについては、私が若い頃から「質問の前々日の正午までに通告する」なる、議員先生側が作ったルールがあるのですが……しかし、①質問の日程というか国会日程は、それそのものが闘争の対象となるほど流動的ですし、それを措《お》いても、②様々な世界の都合あるいは大人の事情によって、平均的には質問の前日の午後9時あたりに質問通告が届きます。この『世界の都合』の一端《いったん》を述べれば……特に〈警察〉官僚ゆえの特殊事情があります。私が若い頃は、その、まあ、「警察なる暴力装置は敵だ」「市民を弾圧する諸悪の巣窟《そうくつ》だ」「暇《ひま》さえあれば邪悪な陰謀を練っている」とお考えになる方《かた》も少なくありませんでしたので（今はどうなんでしょうか？）、そりゃあ彼我《ひが》の立場を入れ換えて考えても、前日の23時55分とか、24時30分とか、そういう時間にしたくもなりますよね。ここで、『そもそも通告をしない』というオプションを採らないのは、それだとQ&Aそのものが成立しなくなり、よって『厳しい追及』『鋭い舌鋒《ぜっぽう》』を展開する舞台そのものが成立しなくなるからです(役所にある程度実質的なことを喋《しゃべ》らせなければ、『追及』も何もなくなります。「突然のお尋ねですので、正確を期するべく答弁を差し控えさせていただきます」では、バトルが展開できないのです)。

さて、イザ被弾したならば、Q&Aの一枚紙を問題数分《ぶん》作成することとなりますが、それについて私の時代では『3時間ルール』を守るよう教わりました。要は、3時間以内で内容・形式ともに完璧なものを作成し然《しか》るべき届け先へ届けろ、というルールです。

このとき、まず内容が完璧でなければならないのは既述《きじゅつ》のとおりですが……しかし、そんな一言ではとても表現できないほどの労苦があります。というのも、今現在の施策《せさく》の内容・法令の規定・統計の数値等に誤りがあってはならないのは当然でそれはまあ比較的容易に片付くのですが、しかしながら『過去の全ての国会答弁と矛盾がない』『過去の全ての公表事項と矛盾がない』ことを詰めてゆくのは、時に課内のどこに埋もれているのか分からない古文書《こもんじょ》発掘、過去の歴代担当官からの事情聴取、諸々《もろもろ》の報道発表や公刊資料の確認等々を要するため、3時間ではなかなかに厳しいものがあります(矛盾が無いことの証明など、悪魔の証明ですので）。

　ところが、仮に矛盾が明らかとなればそれは結果として『嘘を吐いた』『虚偽答弁』になってしまいますので、時に答弁を起案する者より、古文書発掘その他の捜索作業をする者の方が多くなります。統計ひとつとて、ドンピシャリの図・表が白書なり手持ちなりにあればよいのですが、それは運次第ゆえ、既存のものを足し合わせ掛け合わせ組み換えるなどして、どうにかお尋ねの数値が弾き出せるようにしなければなりません。あと、正直「真正面からは言いたくない……」なる事態も生じますから（それは官民問わずどの組織でもそうでしょう）、一言一句の台詞《セリフ》回しが『絶対嘘にはならない程度に丸く』『絶対嘘にはならない程度にロジックを素っ飛ばし』『絶対嘘にはならない程度に切り口を変え』緻密《ちみつ》に調整されることとなり、よって所謂《いわゆる》〈てにをは〉の確定だけに1時間も2時間も掛かることがあります。何気《なにげ》に、ブラインドタッチがどれだけ速いかは大事なスキルです。

　また形式も重要です。警察で言えば、内閣総理大臣／内閣官房長官／国家公安委員会委員長（大臣）が答弁することもあれば、技術的専門的な事柄《ことがら》について長官／官房長／局長等が答弁することもありますが、じゃあ誰用のA4用紙に、縦書きするか横書きするか、余白設定は何㎜か、何字×何行か、文字は何ポイントか、書体は明朝かゴシックか、行アキはどこでどうするか、文末まで書くか体言止めか、はたまた、誰までの決裁が必要で（大抵は局長・警視監）、セットできたら何部印刷して／どこに投げ込み／どこに連絡し／どこに届ければよいか。そうした事柄《ことがら》が伝統芸能として——時に大臣等のお好みで変更されつつ——定まっています。

あと、内容・形式両面にわたる重要な儀式として、先に触れた〈合議《アイギ》〉があります。庁内合議《アイギ》もあれば各省協議もあります。例えば「振り込め詐欺その他の特殊詐欺対策の現状」を問われたなら、警察庁内では、少なくともその防犯を担当する課と取締りを担当する課がともに被弾することとなりますから、いずれかが——時にド派手な消極的権限争いを展開しつつ——胴元《どうもと》となり、内容擦《す》り合《あ》わせの協議をしつつ答弁をセットします。ただこれは身内の話でそもそも同じ建物にいますから、調整コストはまあ低い。ところが例えば『練炭自殺対策』『ガソリン放火対策』『列車内通り魔対策』となると、警察庁が被弾するのは当然ながら、少なくとも厚労省、経産省、国交省あたりも被弾するでしょう。すると胴元を決めるのにも、内容を擦《す》り合《あ》わせて答弁をセットするのにも——建物も違えば常日頃から〈合議《アイギ》〉で火花を散らしているおともだちですから——調整コストが莫迦《ばか》になりません（といって、時間制限がありますので、法令合議《アイギ》の如《ごと》き意見→回答→再意見→回答……

といった、平時の粘着的プロセスはまさか採用されません)。

森羅万象担当省庁?

――以上に述べたような理由から、狭義の〈国会対応〉=国会質問対応は、警察〈官僚〉を含む霞が関官僚にとってマストなスキルで、ディフェンスではありながら、これができないと官僚として人権を認められません。またこれは、警察〈官僚〉を含む霞が関官僚にとって『無闇《むやみ》な超過勤務を強いる』もの、メディアの言うとおり『霞が関を不夜城《ふやじょう》にしているもの』です。例えば通告が日付の変わる頃なら、どう考えても、そして最低でも午前3時4時までは担当課をフル稼動《かどう》させなければなりませんから(私の時代でも、3時間ルールなど守られないことが全く稀《まれ》ではありませんでしたので――物理的に無理――結局答弁をセットできたのが午前5時6時、なる徹夜コースも自然な現象でした)。無論、官庁の側も人材を疲弊《ひへい》させないよう、国会待機の態勢にできるだけの工夫をし、私が働いていた頃の警察庁だと、〈待機〉~〈連絡待機〉~〈連絡の取れる態勢〉なる待機態勢の緩急《かんきゅう》をつけ、庁内全員禁足令《きんそくれい》から最低限の要員確保まで、当夜の国会情勢を踏まえた『できるだけ人を落ち延びさせる』判断をしていました。今はもっと合理的になっているでしょう。

とはいえ、〈警察〉官僚の国会待機には、①先に述べた『世界の都合』があることに加え、そもそもこの世に起こるあらゆるイベント――『事件』は、まさに事件なる語感どおり、②危機管理官庁である警察庁の縄張りに自然と入ってしまうことが多いです。一時期、『森羅万象《しんらばんしょう》担当大臣』なるネット用語が流行《はや》りましたが、この世に起こる事件事故は、何らかの形で警察の施策《せさく》・活動・責務に関係します。その意味で警察は――事件事故という切り口から――森羅万象を担当しています。すると、地震であれ火事であれ雷であれ親父であれ、この世に突発的なイベントが発生すれば、それはもう議員先生も大いにお気懸《きが》かりでしょうから、イベントはたちまち国会質問に直結します。そのとき、もし警察の対応が拙《つたな》いものであれば、質問はきっと追及型になり、長官・官房長・局長どころか国家公安委員会委員長・内閣官房長官・内閣総理大臣が、国会の場で派手派手しく糾弾《きゅうだん》されることとなるでしょう。そのとき警察庁の立場がどうなるかは論を俟《ま》ちません……これすなわち、警察〈官僚〉は常に、いつも、24時間、森羅万象がどうなっているかにアンテナを立て、事件事故への即応《そくおう》は無論、国会対応の万全をも期さなければならないということです。先の『大人の事情』と併《あわ》せ、それが霞が関官僚の内でも警察官僚の特殊性でしょう。

なお、紙幅《しふく》の都合から詳論《しょうろん》できませんが、実は国会対応にはいま1つ、官僚泣かせのタスクがあります。それは〈質問主意書《しゅいしょ》〉対応です。これは、端的《たんてき》には紙でやりとりする国会質問です。右に述べてきた国会対応は、ライヴの、口頭による質疑に関するものでしたが、実は、国会質問はそのスタイルに限られません。議員先生が紙で質問を出し、内閣が紙で質問に答えるというスタイルがあります。それが〈質問主意書〉なるスタイルです。何故これが官僚泣かせかというと——法改正について述べた説明が役立ちますが——内閣が回答する以上、①閣議決定が必要だからです。閣議決定が必要ということは、②次官連絡会議が必要ですし、③内閣法制局審査が必要ですし、無論、④省庁間の〈合議《アイギ》〉も必要となります。よって、⑤ロジとして極めて厳格なスケジュール管理も必要となります。締切は原則、7日以内ですし（3時間あたりでエイヤッ、と決めなければならないライヴ版とは、また違った厳しさがあります）……もし係長レベルが仕組みをよく知らず、主意書を1日でも自席に放置しておいたのなら（想定し難《がた》い事態ではありますが）、定年・末代《まつだい》まで語り継がれる大事故・大不祥事となるでしょう。この主意書についてはかつて同僚と、「国会質問の時間は議席数で上限が決まるのに、質問主意書の提出に何の制限もないのは何故……？」と首を傾《かし》げた記憶があります。無論、有難《ありがた》くも被弾しているときの話です。

――以上、警察〈官僚〉としての御霊《ミタマ》である〈法令〉〈予算〉〈定員〉〈組織〉について概観するとともに、ディフェンスの最重要タスク〈国会対応〉について概観しました。

第3章

生態(下)——御下命如何《ごかめいいか》にても果《はた》す可《べ》し

す。

本来業務――〈警察〉官僚の御霊《ミタマ》

警察〈官僚〉としての御霊《ミタマ》と、〈警察〉官僚としての御霊《ミタマ》は異なる。既述《きじゅつ》のとおりです。

では〈警察〉官僚としての御霊《ミタマ》は何か、というと……

それは警察庁でいう〈本来業務《ほんらいぎょうむ》〉です。他官庁による審査・査定、他官庁との合議《アイギ》を必要としない、警察庁固有の仕事です（無論、他官庁の縄張りに踏み込んだり、他官庁との協働《きょうどう》が必要なときには、所要《しょよう》の調整を行う必要がありますが）。言い換えれば、まさに警察庁／警察にしかできないこと。その大枠を言えば、それは警察の責務である『個人の生命・身体・財産の保護＋公共の安全と秩序の維持』に関することです（警察法第2条）。

さてここで、既述《きじゅつ》のとおり、大々原則として、警察庁は自ら警察活動を実施しません。防犯活動であれ取締りであれ検挙であれ行政規制であれ、警察の執行的な事務はほぼ全て都道府県警察に委ねられています。これを、①イメージで言えば『警察庁は手足を持たぬ脳髄《のうずい》、都道府県警察は人体』です（なお都道府県警察にも脳があり、手足／体躯《たいく》だけではありません。自ら考え、自ら執行しなければならないので）。②また法律上は『警察庁は基本的には調整機関で、都道府県警察こそ実施機関・執行機関』です。③ただ実務上は、警察庁の調整というのは――特にそれを受ける都道府県警察からすれば――『指揮監督』果ては『命令』と受け止められることが多いです（法律上、警察庁が都道府県警察を指揮監督できる事柄《ことがら》は限定的で、よって『調整が基本、指揮監督が例外』ですが……ただなにぶん階級のある組織でもあれば、各都道府県警察の社長がほぼ全て警察キャリア指定席でもあることから、「これは調整!!」「ただの調整!!」と言われた所で、実際にそれを受ける都道府県警察からすれば、「ただの調整なら無視しちゃおう!!」なんてことには絶対になりません――ただ警視庁＝東京都警察なら、日本警察の長兄《ちようけい》にして日本警察の最年長者、警察庁より年上ゆえガン無視もアリ）。

本来業務の内容

――以上を纏《まと》めれば、警察の責務＝『個人の生命・身体・財産の保護＋公共の安全と秩序の維持』について脳髄の役割を果たすのが警察庁、それについて人体の役割を果たすのが都道府県警察、そして脳髄は人体の動き全般を調整でき、それは実際上は命令となり得る、ということになります。先に〈警察〉官僚の御霊《ミタマ》は『都道府県警察を守り、導くこと』と述べましたが、それは47都道府県警察の脳髄として調整・命令をすることによって達成されます。

ならより具体的に、どのような種類のどのような事務を〈本来業務〉としているか、ですが――警察庁の局・部については『警察法』なる法律を、警察庁の各課については『警察庁組織令』なる政令を検索すれば数秒で分かります。あと豆知識的ですが、各室まで知りたいというときは『警察法施行《せこう》規則』なる総理府令（内閣府令）を見ます。

霞《かすみ》が関《せき》では、基本的に『課』を単位として仕事を切り分けますので、①右の『警察庁組織令』に列挙されている事務が警察の仕事を網羅《もうら》していますし、②それがどのように切り分けられ／分担されているのかも分かりますし、よって、③警察庁の各課それぞれが御霊《ミタマ》としている仕事の中身も分かります。例えば警察庁捜査第一課なら、『殺人、強盗その他の凶悪犯の捜査に関すること』『人質犯罪及び誘拐犯罪の捜査に関すること』等々が御《ご》本尊《ほんぞん》で縄張りなのだなあ、と分かりますし、例えば警察庁保安課なら、『銃砲刀剣類所持等取締法の施行《せこう》に関すること』『風俗関係事犯の取締りに関すること』等々が御本尊で縄張りなのだなあ、と分かります。

そして右の『警察庁組織令』は政令、すなわち法令ゆえ、既に〈法改正〉のところで触れた『異様極まる伝統芸能としての特殊な人工言語』で書かれています。要は、偏執的《へんしつてき》なまでに無矛盾に書かれています。何が言いたいかというと、列挙されている事務に重複部分は一切無い、ということです。警察庁A課の所掌《しょしょう》する事務αは、特殊人工言語によって徹底的に切り分けられていますので、警察庁内のどの課ともバッティングしません。言い換えれば、警察庁内で事務αを独占的・排他的につかさどっているのはA課だけです。もっと言えば、事情は霞が関全省庁について同様ゆえ、警察庁A課の所掌する事務αと同じことを同じ目的で所掌する省庁は1つもなく、A課は霞が関内で事務αを独占的・排他的につかさどっていることとなります。これらを裏から言えば、警察庁A課は事務αについて、我が国で唯一責任と義務を有する所属になります。このような独占性・排他性からも、警察庁各課の事務が各課の御霊《ミタマ》であることが説明できます。誰も侵すべからざる聖域だからです。よって幼稚園の砂場的に言えば、警察庁生活安全企画課は「交番について俺を差し置いてゴチャゴチャ言うな」、警察庁警備第二課は「大規模雑踏《ざっとう》警備や災害警備は俺の陣地な!!」ということになります。同じ警察庁の所属であっても、他課の御本尊の侵犯は許されざる大罪です。

　ただし、ここで重要な注意点が1点あります。

　既に述べたとおり、警察庁は基本、手足を持たない脳髄であり、実際に警察活動を実施するのは人体たる都道府県警察です。よって右のとおり、例えば警察庁捜査第一課の事務・御本尊が『殺人、強盗その他の凶悪犯の捜査に関すること』だとしても、それは脳髄にとってそうだという話。脳髄は手足を持ちませんので、この場合、自分自身が＝警察官僚が、殺人の捜査や強盗の捜査を実施することはできません。この場合、脳髄にできるのは、殺人の捜査や強盗の捜査について、全国警察のためになる政策を考えて打ち出すことや、全国警察のため先の〈法令〉〈予算〉〈定員〉等を考えて要求・実現することや、全国警察に代わって先の〈国会対策〉を考えて一手に引き受けることや、はたまた、関係する人体が複数になるなどしたとき、任務分担等を考えて調整をすることです。脳髄ですから。

都道府県警察を守り、導く方法

要は、警察庁と都道府県警察は『同じ責務』を役割分担しており、基本、都道府県警察は実働部隊、警察庁は知恵袋・ヘルプデスクです。言い換えれば、警察庁の＝警察官僚の〈本来業務〉の本質は、『都道府県警察がより仕事をしやすくなるように、物を考え手立てを整えること』です。先に『都道府県警察を守り、導く』なる表現を用いた所以《ゆえん》です。

そのための手段＝具体的な業務の内容は、既に御説明した〈法令〉〈予算〉〈定員〉等を除けば、思い付くまま順不同で、①全国会議を開催すること、②通達／事務連絡を発出すること、③業務指導／監察《かんさつ》のため出張をすること、④業務指導のため都道府県警察の警察官を招致すること（招致検討《ショウチケントウ》）、⑤都道府県警察からの電話等による質疑に答えること、⑥各種講義・講習を開催すること、⑦様々な観点からの表彰を行うこと、⑧各種施策《せさく》・各種活動の先進県を調査し、ノウハウを全国警察に共有させること、⑨各都道府県警察に代わって他省庁・海外・企業・民間団体等との窓口になったり折衝《せっしょう》を行ったりすること、⑩全国警察のリソース／パフォーマンスについて一定の標準化を行い、ユーザーたる市民の便宜《べんぎ》を図るため、合理的な全国統一規格を整えること……等々が挙げられます。

一般的な傾向としては、局内筆頭課《ヒットウカ》やカンバン法律を所掌《しょしょう》している課は、より官僚的・役人的な観点から①～⑩の仕事をしますし、そうでない原課《ゲンカ》、特に犯罪捜査・情報収集・警備実施といったオペレーションを所掌している課は、より警察官的・現場的な観点から①～⑩の仕事をします。イメージで言えば、前者は「都道府県警察がもっと効果的に取締りができるよう、この法律を／運用を改正しよう」「そのために出張をして聴き取り調査をしよう」「そのために先進県から担当者を呼んで実態を教わろう」等々となりますし、後者は「全国でβ法違反の検挙を推進しよう」「各県で年間1件はγ法違反事件の検挙ができるよう指導しよう」「事件検挙が低調な県については出張指導・招致指導をしよう」等々となります。

いずれについても、警察キャリアは見習い警部（23歳〜）の段階から関与します。いえ関与するどころか、霞が関の一般現象どおり、役所の実務を動かしているのはまさに〈課長補佐＋係長〉のレベルです。これは警察庁では〈警視＋警部〉となります。理事官（警視正）・課長（警視長）となってくると決裁官のニュアンスが強く、よって個別具体的な施策・事件・活動を第一次的に担当するのは〈課長補佐＋係長〉。まして役所の意思決定は、これも霞が関の一般現象どおり『ボトムアップ』ですから、基本、ほとんどの案件《マター》について係長が方針を起案し課長補佐と熟議、そこで原案を固め、係長が理事官↓課長↓審議官↓局長、と決裁官のハンコを求めつつ、意思決定の梯子《はしご》を上《のぼ》ってゆくこととなります。

より官僚的・役人的な課に配置された見習い警部は、既に述べた〈法改正〉ＰＴの実働員となるほか、〈予算〉〈定員〉等の要求モノの起案者となりますし（見習い警部だと警視の指導が必要なのはもちろんですが）、また、法令の解釈運用についての通達・事務連絡の起案者にもなります。より警察官的・現場的な課に配置された見習い警部は、警察官2年生でありながら、例えばβ法違反事件の個別具体的な指導をしたり、例えば甲《こう》県・乙《おつ》県・

丙《へい》県・丁《てい》県の指導担当警部となってγ法違反事件全般の指導をしたりします。無論、鞄《かばん》持ち的ではありますが事件指導の全国行脚《あんぎゃ》をしたり、さかしまに招致指導の席に列席したりします（といって当然、後者も、通達や事務連絡くらいはするすると起案できなければなりません）。私の経験だと、警察官２年生なのに日帰りの単独出張で某《ぼう》県警察と某《ぼう》官庁さんの大喧嘩《おおげんか》を仲裁するため新幹線に飛び乗ったり、警察官２年生なのに出張指導でたくさんの質疑をさせて頂いていたら、御一緒くださった課長に「またお前が喋るのか!!」「長い……」と呆《あき》れられ釘を刺された記憶があります……その課長の往時《おうじ》の御年齢を超えた今にして思えば、若さというのは恥知らずなものです。

〈本来業務〉でないものとは？

——以上、〈警察〉官僚の〈本来業務〉を概観しましたが、最後に余談を。

わざわざ〈本来業務〉なる用語があるからには、対概念《ついがいねん》というか反対語があります。警察庁で俗に言う〈雑務《ざつむ》〉です。霞が関用語一般だと〈シャビー〉な仕事（＝しょうもない下らん仕事、実益のない仕事）となります。大抵は、見習い警部が回収し引き受けます。

その代表格は、「ほぼ関係ないだろうが、縄張りの観点からの確認だけはせねば……」

「係長が読んでおかなければ、結局誰も読まないからなあ……」と嘆息《ためいき》の出る、他省庁からの法令合議《アイギ》です。いえ、白熱するものであればよいのです。それはほとんどの場合、ポカか故意で侵略を仕掛けられているときですから。あるいは歴史的・政策的に、不倶戴天《ふぐたいてん》の敵となっている省庁同士／課同士もありますし。ですので〈雑務〉となるのは、侵略どころか警察庁に／自分の課にまるで関係なさそうな上、ボリュームだけは凶器になりそうなほどある（紙媒体時代の話）、打ち消し仕事となる法令合議《アイギ》です。要は後日、補佐・理事官・課長が知ったとき「いえ大丈夫です、当課の仕事に一切影響ありません‼」と断言するための、消極証拠探し仕事となる法令合議《アイギ》です。

ここで、もちろん我が国に国会は1つだけですから、国会日程も1つなわけで、よって先の警察庁〈A法改正PT〉が組むようなスケジュールは、およそ全省庁が組むこととなります。すなわち見習い警部の卓上には、処理の締切が48時間未満の、物理的にも凶器となる紙束が（重ねて昔話）、いわば全省庁分、1日に何部も何部も積み上がってゆきます。そして感覚的にはそのほとんどが、「ぶっちゃけどうでもいいよ……」「へえ100条以上あるんだ、頑張ってください……」と無視してよいものです。しかしながら、霞が関の仕事はボトムアップ方式ですから、見習い警部が見落とした／読み落とした地雷は、爆《は》ぜるまで誰の確認も受けません。まあ課長補佐には口頭等で報告しますが、それとて実質「問題なし質問なし意見なし」と報告しているだけなので、地雷をスルーした全責任は最末端の見習い警部にあることとなります（なんと警察庁なる中央省庁の意思決定の全責任を、見習い警部が負うわけです）。

遠い記憶を顧《ふりかえ》れば、私は甚《はなは》だ臆病者でしたので、結構マジメに地雷を探してしまう癖《へき》がありました。そして結果としては、最初から匂《にお》いのするもの以外、地雷を発見した例《ためし》がありません（匂いを感じなければならない例を1つだけ挙げれば、国交省の建築基準法関係。規制が厳しくなって、それが交番にもダイレクトに適用されるとなると、理論的には総建換《たてか》えを強いられ、実際的にはとても無理だからです）。とまれ、結果として地雷はなかったとなると、結果論ですが投じた時間的・精神的・肉体的コストは全て無駄です。警察庁に何の益《えき》もありません。よって、「それを見分けるセンスがない」という叱責《しっせき》も含め、「雑務にばっかり気を取られていては駄目だよ……」「本来業務があるんだからね」と怒られることとなります。あと記憶を掘り起こせば、白書合議《アイギ》はボリュームの観点から、条約・国際会議合議《アイギ》は語学の観点から、大きな嘆息《ためいき》の出るものでした。なお私が見習い警部のとき、直属の課長補佐に最もガッツリ怒られたのは、雑務未満の、先輩の、海外留学用推薦状の英訳です。頼む方も受ける方も警察官僚としての沽券《こけん》に関わる、と叱られました。

ちなみに一般的には意外ながら、右の〈白書〉そのものと、あと〈統計〉はとても大事な本来業務です（近時、官庁の統計改ざんがスキャンダルになっていますが、それとて実際に集計し打ち込んでいるのは＝数字の一桁《ひとけた》カンマ1つにまで責任を負うのは係長です）。それら〈白書〉〈統計〉は官僚の用字用語・数値教科書等として日常業務に必要不可欠ですし、それら自体が社会にインパクトを与えることがあり（自殺統計とか）、よっていよいよ国会対応を引き起こすこともあります。またそもそも〈白書〉は閣議決定を要します。

都道府県警察勤務

警察庁と都道府県警察は基本、『脳髄《のうずい》』と『人体』という役割分担をしていますが、警察キャリアはいずれの立場も経験します。本書では既に新任警部補の〈都道府県見習い〉を御紹介しましたが、警察キャリアは警部補時代に限らず、警部‐警視‐警視正‐警視長‐警視監の、職業的ライフサイクル上与えられる全階級において都道府県警察勤務を経験します。警部であれば〈警察署課長代理《ダイリ》〉等、警視なら〈警察本部課長〉〈警察署長〉等、警視正なら〈警察本部部長〉等、警視長なら〈警察本部長〉等、警視監なら〈大規模県警察本部長〉〈警視庁部長〉等として都道府県警察に出ます。また警察庁は、旧自治《じち》省同様、地方勤務の機会・年数が多い役所で（元々旧内務省《ないむしょう》の兄弟ゆえ当然でしょうが）、現場派ならば警察人生の約半分を、平均としては警察人生の約3分の1を都道府県警察で過ごします。

一般論としては、最初の例外的な——教養《キョウヨウ》プログラム的な——〈都道府県見習い〉〈警察署課長代理《ダイリ》〉を除けば（なお後者は比較的新しい試みで、私の時代の警察官は経験しませんでした）、ワンポスト在職1年〜2年で1ターンとなります。ワンポスト在職2年以上となるとかなり意外な感じを受けますが、逆に、ワンポスト在職1年未満となってもあまり違和感は感じません（極論、治安情勢や庁内情勢によっては、3か月で異動となっても不思議はありません）。よって大抵、地方在職1年が過ぎれば「そろそろお声掛《こえが》かりがあるかな……」「さてこの地は1年半か、2年か」と未来予測をする感じです。1ターンが終わった後は、警察庁本庁へ帰るのも、他の都道府県警察へ再異動するのもアリですが、3ターン連続で都道府県警察勤務というのはかなりレアです。これも一般論としては、①本庁↓中小規模県↓大規模県↓本庁、②本庁↓中小規模県↓中小規模県↓本庁、というのが穏当・自然なパターンながら、③本庁↓中小規模県↓本庁、④本庁↓大規模県↓本庁、というのも違和感ありません。

中小規模県に出るか大規模県に出るかは、『年次の関数』『勤続年数の関数』によるところ大で、例えば同じ警視／警視正でも、警視／警視正として最初に出るのは、その階級の若手として中小規模県となるのが一般です。しかし中小規模県を経験せず本庁で年を経ることも自然ゆえ、そのときは熟した警視／警視正として、最初から大規模県へ出るのもやはり自然です。また右の①のように『小さな所から大きな所へ』というのが警察人事の王道ではありますが、王道は必ずしも固定的な常道ではないので、右の②のように『中小規模県まわし』がなされたとして、そのように動く警察キャリアの評価が低いということには全くなりません。これについて例えば、同じ〈警備〉部門の課長・部長として異動するなら、既に手慣れているという観点から①のパターンを採れますが（小→大）、しかし例えば〈警備〉の部長・課長が次に〈刑事〉の部長・課長として異動するなら、比較的経験の浅いジャンルとして、②のパターンが採られて何の不思議もありません（小→小）。

ここで、「どの都道府県勤務を経験するのがよいか？」「どの都道府県警察勤務がエリートコースか？」という問いにも意味がありません。仮に、読者の方が人事権者《じんじけんじゃ》になったとして――優秀な人材を優秀県に投入して更なる売上を狙う、という判断もアリなら、優秀な人材を低調県に投入してガッチリとテコ入れを狙う、という判断もアリでしょう。それは「大規模県に投入するか中小規模県に投入するか？」の判断においてもほぼ一緒です。確かに一般論として『A県はαの分野に強い』『B県はβの仕事ではピカイチ』という現象は生じますが、それは部門／時代／政策課題に応じて変わりますし、だから総合的に見てC県が登竜門《とうりゅうもん》だとか、D県が試金石《しきんせき》だとか、そうした乱暴な一般化はできません。

警視以上の警察キャリアの都道府県警察勤務は、まさに現場警察官・第一線警察官としての勤務であり、その職務は、地元採用の所謂《いわゆる》ノンキャリア警察官と全く変わりません。正確には、同じ階級・同じ職位にあるノンキャリア警察官と全く変わりません（すぐ後述するとおり、警視長・警視監が就《つ》く警察本部長は『社長』ゆえ、当該《とうがい》県において唯一無二の存在ですが……）。よって、警視が例えば〈A県の捜査第二課長〉なり〈B県の警備第一課長〉なりに出れば、当該《とうがい》県のあらゆる地元警視課長と同格、かつ同じ責任を負います。これは、警視正が例えば〈C県の刑事部長〉なり〈D県の警備部長〉なりに出るときも一緒です。要するに、キャリアだからといって／それが伝統的にキャリア指定席だからといって、何と言いますか、得をすることも損をすることも、優遇されることも敬遠されることもありません。属人的《ぞくじんてき》に、『無能』『バカ』『お荷物』と判断されれば地元警察官からナチユラルに軽蔑されますし、ともに戦うに足る／ウチの県のためになると判断されれば、地元警察官に自ずから慕《した》われます。それはどんな組織、どんな部分社会でも同じでしょう。

右の『地元警察官と同じ責任を負う』ということは、即戦力として当該《とうがい》県の例えば売上を上げなければならないということで（事件にせよ規制にせよ施策にせよ実績を挙げなければならないということで）、例えば部長、例えば課長の職にある限り、地元部長・地元課長と経営上の義務に何ら違いはありません。むしろ、地元部長・地元課長と一緒に警察庁と戦わなければならない事態すら自然に生じます。そのとき警察キャリアは『やがて帰還する本籍地たる警察庁』と『自分を愛し受け容れてくれている都道府県警察』の二律背反《にりつはいはん》に難儀《なんぎ》することとなります。自分がイザ現場に出たからこそ解る／正直に教えてもらえる、「これだけは警察庁に言えない……」「これを知ったら警察庁は激怒するな……」といった、どんな現場でも抱えている苦悩を実体験し、時に、地元警察官とある種の共犯関係に入ります（といって、警察キャリアは誰もがそれを経験しますので、警察庁の側も当然、ある程度はそうした秘密・苦悩をお見通しで黙っていることも多いのですが）。

そんな警察キャリアが都道府県警察勤務をするとき、真っ先に磨けるのは〈現場指揮官〉（警視）、〈現場司令官〉（警視正〜）としての判断能力・危機管理能力です。地元警察官／地元上級幹部と一緒になって、私の経験ですと〈人質立てこもり事件〉〈警察庁指定特別指名手配被疑者の発見〉〈テロ団体への大規模城攻《しろぜ》め＝大規模ガサ〉といった重大事案の指揮を執ることとなりますし、そうでなくとも、捜索・逮捕・処分、あるいはそのためのオペレーションの指揮なり情報収集の指揮なりは、むしろ日々の通常業務です。警察庁にいたときの脳髄《のうずい》としての『指導』『助言』『調整』でなく、まさに人体として、自らの権限と責任とハンコで、警察本来のミッションを動かしてゆくこととなります。よって実にリアルに『人命の重さ』が肩と胃を直撃します（オペレーションの『実施』は都道府県警察の責務そのもので、まさか脳髄たる警察庁が責任を負ってくれるものではないので）。そんな日々を来る日も来る日も送っていれば、キャリアもノンキャリアもへったくれもありません。そんなもの1か月いえ2週間で忘れ、現場の部下・同僚とは戦友になります。

ここで、よく「キャリアは父親のような年齢の部下を持って……」と揶揄《やゆ》されますが、それは実は少壮期《しようそうき》の現象に過ぎません。事実上、警視時代のみに限った話です。警部補・警部時代は見習いゆえ、その職責・権限からしてこの議論に入れる価値がありません。そして都道府県警察に出るのは警視正なら概《がい》して40歳以降から、警視長なら50歳近くから。仮に『父親』と25歳差があるとして、既に『父親のような年齢』の部下は退職しています。存在しません。まして警視にしたところで（私の時代なら25歳、今なら概《がい》して30歳）、友達を作りに行っているわけではありません。一緒に戦争をするために行っているのです。最も重要なのは一緒に戦って一緒に勝つこと。その際、私自身が痛感してきた経験論として、互いの年齢なんて正直どうでもいいです。お互いにそうです。バカ殿なら見放されるだけ、職業的に非力なら見捨てられるだけ……年少者として必要な敬意は払いますが、部下を部下として扱わないのはむしろ非礼で非常識です。誰もみすぼらしい神輿《みこし》を担ぎたくはないし、部下に媚《こ》びへつらった敬語を使うような大将など、警察本部の他所属に恥ずかしいですから。実際、「若ければ若いほど支え甲斐《がい》がある」「男にして帰す」「警察庁から評価されている証拠」「社長から信頼されている証拠」「キャリアの所属長《ショゾクチョウ》を迎えられるのはウチの県では当課だけ」というプライドが、まこと若き日の私を支えてくれた部下各位の公約数的心意気でした。

といって、そんな固い話をしなくとも重ねて、2週間も経てば戦友。タメ口・冗談・本気の喧嘩《けんか》、ナンデモアリの無礼講《ぶれいこう》です。さもなくば日々の仕事が回るはずありません。それがリアルな人間でリアルな役所です。そもそも、現場においてキャリア批判をする地元警察官がいるとすれば、それは大抵、現実にキャリアと仕事をしたことのない警察官です。各種の陰謀論でもそうですが、『リアルを知らない者ほどドラマを作りたがる／蘊蓄《うんちく》を語りたがる』『シッタカ話を吹聴したがる』ものですから。現実にキャリアと仕事をした警察官は、相手をキャリアなる括《くく》りでは語りません。何故と言って、そのときは必ず「古野さん」「あの古野さん」と具体的人名になるからです。私とて若き日に部下を『ノンキャリア』なる括《くく》りで見たことなど皆無《かいむ》です。部下は具体的な鈴木警部補であり山田警部であり佐藤警視です（離任後も折につけ同窓会をして飲みます）。

――さて、都道府県警察で勤務する警察キャリアが次に痛感するのは、警察庁の施策《せさく》が現場にどう受け容れられ／どう敬遠されているかの実態です。警察キャリアは、警察庁の御霊《ミタマ》たる『都道府県警察を守り、導く』ための〈法令〉〈予算〉〈定員〉〈組織〉そして〈本来業務〉を、見習い警部の頃からこなしてきたわけですが、さかしまに『守られ、導かれる』側へ籍を移したとき、極論「ああ、この罰則は使《つか》い出《で》が悪いな……」「よくもまあ、こんな現場知らずな事務連絡を下ろしてきたものだ」「通達ではこう言っているけど、実際に足りないのはこれとこれなんだよなあ……」といった感じで、ユーザーとしての評価を否《いや》が応《おう》でも実感することとなります。自分が『実施』する側ですから。戦友たる部下同僚からも、遠慮会釈《えんりょえしゃく》のないフィードバックがありますから。そしてそれは当然、「お前、警察庁が本籍地なんだからお前がどうにかしろよ」といった有形無形の圧力になります。よって都道府県警察在職中、何かにつけ警察庁とのバトル……いえ協議・折衝《せっしょう》があるときは、進んで矢面《やおもて》に立たねばなりません。現場のオペレーションが酣《たけなわ》なときなど、しみじみする話ですが、例えば午前4時に警察庁の担当警視／担当警視正を叩き起こして『助言』を求めるべきタスクがあるとして、それを進んで買って出ねばならないのは警察キャリアです。またそんな例外的な場合でなくとも、警察庁からエライヒトが来る、警察庁からオソロシイ電話が来る……といった場合も、阿吽《あうん》の呼吸で矢面《やおもて》に立つのは警察キャリアです。「警察庁と戦ってくれるためにいるんだろう？」というのは、地元採用の同僚警察官・部下警察官の誰もが感じていることですし、確かにそれから逃げるのは卑怯《ひきょう》ですから。

　とまれ、都道府県警察勤務においては『ユーザー目線』『顧客のフィードバック』が連日連夜、肌と胃にダイレクトに届きますので、それは以降、警察庁に帰ってまた〈法令〉〈予算〉〈定員〉〈組織〉〈本来業務〉に従事する際、途方《とほう》もない財産となります。無論、いつなりとも現場の肉声を教えてくれる戦友たちも、生涯の宝となります。

警察本部長の特異性

あと都道府県警察勤務に関し、特異点としての〈警務《ケイム》部長〉〈警察本部長〉に触れておきます。〈警務《ケイム》部長〉（警視正／警視監）は端的《たんてき》には都道府県警察の副社長、〈警察本部長〉（警視長／警視監）は端的には都道府県警察の社長です。〈警察本部長〉はほぼ警察キャリアの指定席、〈警務《ケイム》部長〉には警察キャリアのみならず旧《きゅう》Ⅱ種、推薦組《すいせんぐみ》等も就《つ》きますが、東京人事指定席＝警察庁人事指定席であることに変わりはありません。

〈警務《ケイム》部長〉は都道府県警察の副社長ですから——副本部長が置かれる場合は別——他の現業《げんぎょう》部長に比して一段高いステイタスを与えられ、キャリア／ノンキャリアの別を問わず、他の現業部長に対する調整権を認められます。よって例えば、E県警察本部刑事部長と、E県警察本部警務《ケイム》部長とでは、両者がキャリアであろうとなかろうと、後者が圧倒的に優越します。副社長ですから。イメージとしては、この副社長はE県警察における人事・予算・定員・組織の全てを握っているため（重要な現業《げんぎょう》施策の総合調整も）、全能神たる社長＝警察本部長の御判断を仰《あお》ぐ際の、決裁官にしてゲートキーパーとなります。重要課題は、政策的なものであると現場的なものであるとを問わず、警務部長とその参謀たる警務《ケイム》課の審査・査定・同意・ハンコ等を必要とします。

しかし最終的に都道府県警察の全てについて経営責任を負うのは、社長たる〈警察本部長〉です。上官を持たず、独任制で、都道府県の職員でありながら知事／知事部局の命令を一切受けませんので（都道府県知事には都道府県警察本部長に対する指揮監督権がありません、絶対的にありません）、まさに当該《とうがい》県においては治安の全能神、警察の責務の全能神、都道府県警察組織の全能神となります。肌感覚で言えば、これは地元のノンキャリア警察官にとっての『警察署長』のような、一国一城《いっこくいちじょう》の主《あるじ》。すなわち、巡査から叩き上げる地元警察官は、誰しも一度は全能神たる警察署長になることを夢見ますが、警部補から叩き上げる警察キャリアも同様に、誰しも一度は全能神たる警察本部長になることを夢見ます（警察官僚として大過《たいか》なければ、極めて現実的な夢ではありますが）。

例えば、私のとある上司など、人事異動としてはまるで予想外の時期に警察本部長の内示をお受けになり、それはもう破顔、破顔、破顔、1週間後の御着任まで通常業務など手にも付かぬお喜びようで、結局お個室の掃除・整理はおろか、私たち部下による記念品贈呈式（私費）・送別会もどこへやら、文字どおり庁舎からも東京からも『素っ飛んで』『猛ダッシュで』任地へと去られました。よって「いいのかなあ」「でも御後任がすぐにいらっしゃるしなあ」と思いつつ、同僚3人と一緒にお個室の掃除を——仕方ないので勝手に

――させて頂いた結果、お机の中の私の人事記録を読んでしまったのはドラマチックな思い出です。

さてそのような〈警察本部長〉ですが、諸事緩《しょじゆる》やかであった昭和の御代《みよ》なら別論、私が知る平成の御代でも、今現在の令和の御代でも、まさか「ウッシャッシャ、よきにはからえ」「余《よ》はそのようなこと聴きとうない」「今夜は雪見酒が楽しみたいのう」といった、いわゆるバカ殿では通用しません。そんなことは常識的に考えれば解ります。〈警察本部長〉は社長です、都道府県警察の全経営責任を負います。事件検挙、行政規制、行政処分、各種施策《せさく》等々、都道府県警察が行う活動の全てについて――時に売上の具体的な数字についてまで――経営者としての権限を有し、義務を負います。極論、任地たる都道府県の物件事故1件、万引き1件に至るまで――管轄責任のある警察署長とともに――全て警察本部長の責任です。だからこそ全能神であり、だからこそ知事の命令すら聴かないのですから。まして持凶器《ジキヨウキ》の人質立てこもり、誘拐事件、爆弾テロ／銃器使用テロ、ハイジャック／シージャック、ド派手な通り魔事件、雑居ビルの大規模火災、億円単位の特殊詐欺、暴力団の抗争事件、重大な交通事故、航空機・列車事故、原子力施設事故、東日本大震災クラスの大震災等々、警察が直ちに対処すべき突発重大事案《トッパツジユウダイジアン》のネタには事欠《ことか》きません。

次の1秒でそれが発生してもおかしくないし、今夜熟睡《じゅくすい》中にそれが発生してもおかしくない。そしてそれらへの対処は全て社長たる〈警察本部長〉の責務です。無論、担当部長・担当課長といった部下職員が実務に当たりますが、ありとあらゆる意思決定、組織としての最終の意思決定は〈警察本部長〉の責務です。

解りやすい例を挙げれば、人質立てこもり事案においてイザ突入の判断をするのも、イザ被疑者射殺の命令をするのも最終的には〈警察本部長〉独りの判断です。独任制ですから。要は何の誇張もなく、〈警察本部長〉は、任地の県民の生命・身体・財産について無限の治安責任を負っているのです。その最終判断は、結局自分以外の誰にもできないという意味で、実に孤独なものです。まして警察キャリアは、警察本部長に就任する以前に、各県の部長・課長として、突発重大事案《トッパツジユウダイジアン》を含む諸々《もろもろ》の緊急事態を、実務者あるいは参謀として、嫌というほど経験しています。そのときの自分の苦しさも、お仕えした本部長の苦しさも実体験・現認《げんにん》しています。もっと言えば、イザという有事の処理を誤り、職業上とても苦しいルートへ追い遣《おや》られた先輩の姿も知っています……そのようなわけで、常識的で平均的な警察キャリアを想定すれば、まさか『バカ殿』なんぞに甘んじることはできません。決裁1つ、ハンコ1つ誤れば、首が斬られるか腹を切らなければならないか、なのですから。

そのような意味において、警察キャリアの都道府県警察勤務のうちでも、〈警察本部長〉は実にスペシャルなものです。警察キャリアにとってそれが夢で、それに就任すれば欣喜《きんき》雀躍《じやくやく》するのは、無限の重責を独りで担うべき『最高司令官』『最上位の統治者』としての資格を認められたから。それだけの判断能力・危機管理能力あるいは胆力・人間性を認められたから、です。まさか地方に全能神として降臨し好き勝手できるからではありません。そして念《ねん》の為《ため》に付言《ふげん》すれば、警察庁も莫迦《ばか》ではありません、各警察本部長の売上、見識、勤務態度、経営状況等はガッチリ実態把握していますし、イザ本部長道不覚悟《ほんぶちようどうふかくご》とあらば、人事異動の時期や在任の長短など無視して更迭《こうてつ》をします。また以降は伝聞ですが、某地では、本部長道不覚悟《ほんぶちようどうふかくご》な警察キャリアについて、地元ノンキャリア警視正等がいわば連判《れんばん》の上、警察庁・国家公安委員会に『直訴《じきそ》』をして更迭を迫ったなる事案も側聞《そくぶん》しています。漢籍《かんせき》にいう『君不君《きみきみたらざれば》、則臣不臣《しんしんたらず》』――主君が莫迦《ばか》なら家臣は見限ってよし、なる事例あるいは現象は、私自身は警察本部長については存じませんが、警察本部の部長についてなら少なくとも2例は知っています。意外に警察でも、下剋上《げこくじよう》や主君押込《しゆくんおしこめ》はあります（具体的な人間関係と、かなり切羽《せっぱ》詰《つ》まったギリギリの覚悟を前提としますが）。

なお最後の注釈ですが、あるキャリアAさんの職歴を見たとき、『X県警察本部長』『Y府警察本部長』『北海道警察本部長』なる箇所がなくとも、Aさんが警察本部長勤務を経験していないとは言えません。実質的には言えません。というのも、〈警視庁の各部長〉は道府県警察本部長クラスの重職だからです。もしAさんが〈警視庁本部の部長職〉を経験しているのなら、それは警察相場でいえば警察本部長経験者です。また一般論として、警察本部長経験があるかどうかは、警察の現場に精通しているかどうかに関係しません。BさんでもCさんでもDさんでも、〈都道府県警察の部長〉〈都道府県警察の課長〉として、既に警視正／警視の段階で、嫌というほど現場の実態を知り、現場の実態に晒《さら》されていますから。私自身とて、イザ有事となれば、都道府県警察勤務であっても何度も何度も徹夜しましたし、何度も何度も職と首の危機に襲われました。もし『都道府県警察勤務は楽である』なる命題が真《しん》になるとすれば、それは『肉体的・物理的に楽である』という意味においてのみ。現場指揮官・現場司令官としては『楽』どころか、戦場ならではの『命の危機』を、何の冗談も誇張もなく、何度も何度も繰り返して味わうことになります。

警察官僚の勤務スタイル――国と地方と

警察庁勤務のあらましと、都道府県警察勤務のあらましを説明し終えましたので、ある警察キャリアの1日を、国と地方とに分け、模擬的《もぎてき》に図示します。なお業界通説として、霞が関において実務を回しているのは〈課長補佐〉ゆえ、警察庁A課の課長補佐（警視）と、某《ぼう》道府県警察本部B課の課長（警視）の勤務状況を取り上げます。『都』を入れなか

警察庁勤務の警視（課長補佐）

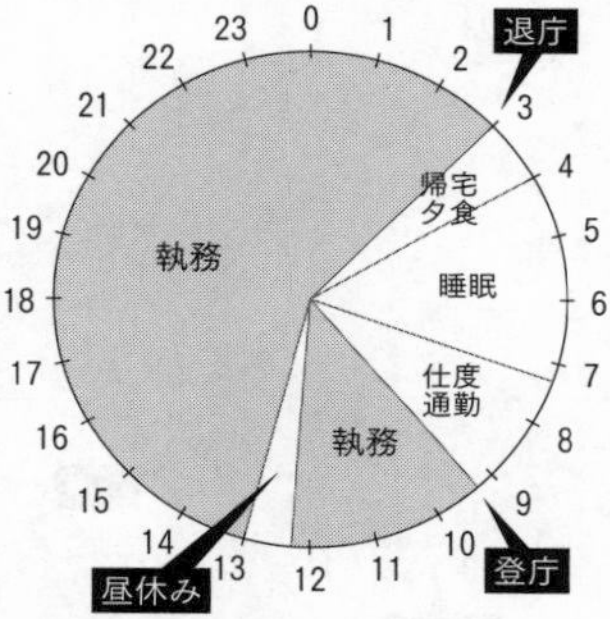

02:45	翌朝の準備、書類・データ処分等
03:00	退庁
03:40	官舎最寄りのコンビニで夕食購入
03:50	帰宅、夕食
04:00	そのまま就寝
07:15	起床、シャワー、身支度
07:35	官舎発
07:45	公共交通機関（バス～JR～メトロ）
09:15	登庁、喫煙等
09:30	執務開始【夜間の結果連絡・報告等】
10:00	【課内課長補佐会議】
11:00	執務【警視庁と出張計画調整／他課と庁内スタンスペーパーの協議】
12:15	昼休み（雑務整理）
13:00	執務【各種法令合議決裁／金融庁・検察庁との新法対応協議／議員先生の調査ものへの意見打ち返し起案／庁内文書審査・内閣法制局審査準備／都道府県警察からの照会対応／課長通達決裁／局内筆頭課長への説明／議員先生の勉強会用想定作成／審議官説明／メディア取材対応／外務省と条約対応協議／所管業界へのスタンスペーパー作成／局長説明／突発事案について都道府県警察から聴取・長官室飛び込み・関連想定作成／外国捜査機関との連絡・調整準備／外国捜査機関との直接折衝】

―― 02:45に戻る ――

【　】部分は執務内容の例

ったのは、都＝警視庁だと課長は警視正になってしまうからです（警視庁は一階級上）。

道府県警察本部勤務の警視（課長）

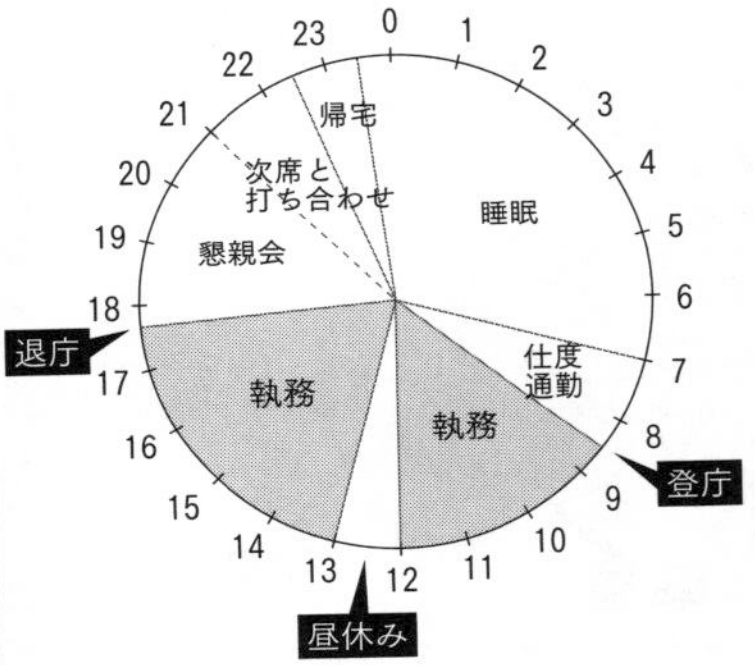

08:25	登庁
08:30	執務開始
08:35	【次席と朝の打ち合わせ】
09:00	【置き書類決裁／会議資料確認】
09:30	【部課長会議（発表あり）】
10:40	【置き書類決裁／個別の報告受理・口頭決裁／持ち込み書類の決裁／課長補佐等との質疑応答／次席と要求モノの検討】
12:00	昼休み（自室で出前もの）
13:00	執務再開【手持ち書類確認】
13:30	【本部長に諸報告】
14:10	【事件担当補佐と事件検討】
15:30	【警察署督励（２署・日帰り）】
17:10	帰庁【急ぎの決裁の確認／次席と締めの打ち合わせ】
17:15	勤務時間終了
17:40	退庁
18:00	懇親会（季節・係によって様々）
21:00	次席と２人で打ち合わせ
22:30	帰宅、記者さんの夜討ちあり
23:30	記者さん帰る、入浴、就寝
07:00	起床、身支度
08:00	官舎発（徒歩又は自転車）

――― 08:25に戻る ―――

【　　】部分は執務内容の例

階級別生態

さすがに警察庁は警察キャリアの牙城《がじょう》・伏魔殿《ふくまでん》ゆえ、警部以上の、ほぼあらゆる階級を与えられた警察キャリアが棲息《せいそく》します（警部－警視－警視正－警視長－警視監）。なお、最上位階級者である警視総監は、警察庁のお隣の警視庁にのみ棲息しています。また、最上位警察官である警察庁長官は無論、警察庁に棲息していますが、階級は持ちません。

(1) **初幹学生《ショカン》（警部補）（軍隊では少尉相当）**

いきなり例外からで恐縮ですが、4月1日採用・拝命《ハイメイ》の新入社員——警察大学校初任幹部科の学生たる警部補は、警察庁警部補ながら、警察庁には棲息しません。私の頃なら3か月、警察大学校において、警察官たるの基礎と官僚たるの基礎を学びます。実態論としては、当事者にしてみれば最後の学生時代・青春時代でモラトリアム、諸先輩《しょ》からすれば純然たるお客さんです。なお初幹学生《ショカン》については毎年毎年、『出身地』『出身高校』『大学でのゼミ』『大学でのサークル』『趣味・特技』『語学能力』等々がExcelシート的にまとめられ、「今年はこんなん来ましたよ〜」という感じで、警察庁各課に回覧されます。

(2) **都道府県見習い（警部補）（軍隊では中尉相当）**

また例外で恐縮ながら、警察庁には棲息しません。警察大学校をともかくも卒業した後、都/道/府/大規模県で警察官としての実務スキルを『見習っている』警部補です。

道府県警察では警部補＝係長ゆえ、交番勤務ではハコ長と同格、警察署勤務では例えば刑事課強行係長といったあたりと同格（警察は良くも悪くも『職＋階級』の差異を重視しますので、警察署勤務だと、デスクの島《シマ》の頭にある係長席をわざわざ増設して2つ横並びにし、自分の父親のようなベテラン係長と席を並べて仕事をします）。なお交番／警察署にまさか他の警察キャリアはいませんので、交番内／署内で唯一の珍獣となり、本人は全く意識しなくとも、警察署の誰もが顔と名前を知っています。私の経験だと、それはまあ珍獣保護上幾許《いくばく》かの遠慮はありますが、しかしできるだけお客様でない扱いをしてくれました。具体的にはトイレ掃除に部屋掃除、朝のお茶汲みに昼飯の注文とり、コピー撮りに出動服の洗濯あたりは平然と命令してもらえました（有難《ありがた》いことです）。無論、職務質問・令状請求・捜索・検証・検視・逮捕・取調べ等々の捜査実務に、ダブル配置係長の1人として従事します。交番では24時間勤務をしますし、警察署でも当直勤務や徹夜仕事をします。

(3) **見習い（本庁見習い・警部）（軍隊では大尉～少佐相当）**

警察庁に棲息する警察官僚のうち最末端《さいまったん》・最下級ゆえ、最も退庁時間の遅い生物です。都道府県見習いを終えますと、いよいよ警部に昇任しますので、警察庁で勤務する資格を認められます(警察庁には基本、警部未満の警察官はいません)。よって本庁で〈見習い〉といえば当然に本庁見習いの警部、〈見習い警部〉を意味します。職制上は警察庁の係長です。これら〈見習い〉は警察庁の各課、特に〈法改正PT〉を起ち上げている課か、各局の筆頭課《ヒットウカ》、あるいは〈本来業務〉が何らかの理由で過熱している原課《ゲンカ》に配置されます。すると警察庁本庁には、〈見習い〉の配置がまるでない課も生まれまして、その場合は課長補佐・警視が「俺の課にも見習いが1人いればなあ……」と愚痴《ぐち》を零《こぼ》しつつ、自ら〈見習い〉が行うべき仕事を回収・負担することとなります。

ここで、霞が関の意思決定は『ボトムアップ方式』ですから、配置先の課のありとあらゆる意思決定は——特に重要・特異・秘密にわたるものを除き——まずは〈見習い〉が起案をし、責任ある起案者として意思決定の階段を上ってゆくこととなります。すなわち、ほぼあらゆる仕事に最初に手を付けるのは〈見習い〉です。よって〈見習い〉は、官僚に共通する作法・芸能である〈てにをは〉〈合議《アイギ》〉〈5点セット〉〈赤紙《アカガミ》〉〈決裁〉〈レク〉〈ロジ〉等々といった基本マナーをこの段階で修得し、またその課の本来業務に関する〈通達〉〈事務連絡〉といった、『都道府県警察を守り、導く』ための文書作成技能を修得します。

また重ねて、霞が関の意思決定は『ボトムアップ方式』なので、〈見習い〉は自分の起案した案件・書類がどのようなライフサイクルを経て警察庁の意思となってゆくか、見習えます。すなわち各局の文化にもよりますが、フランクな局ではNo.1の局長＋実質No.2の審議官＝〈局審《キヨクシン》〉の決裁・ハンコゲットも〈見習い〉の仕事になりますので、〈局審〉が百戦錬磨《ひやくせんれんま》の法律のセンセイだったり剛腕で知られる猛獣だったりしますと、①「瞬殺《しゆんさつ》される前に充分な準備をしておこう」という用心深さや、はたまた、②「これを訊かれたらこう答え、これを訊かれたらこの手持ち資料を出し、これは死んでも秘密にして、ここまで攻め込まれたら素直に撤退!!」といった、脳内将棋的プレゼン能力も涵養《かんよう》されます。

この〈見習い〉は案件・文書の最初の企画・起案を行うため、無論、配置先の課の〈御霊《ミタマ》〉とりわけ〈本来業務〉のそれに精通していなければなりません。実はここで〈都道府県見習い〉の経験が大いに役立ちます。「交番はどう動いて、警察署はどう動いて、警察本部はどう動いて……」といった第一線の実務イメージが——必要十分ではありませんが、曲がりなりにも——描けますから。交番や刑事部屋のリアルを知らないのに、全国警察に通達を発出するも何もないでしょう。そしてもし更に実態を知りたいとあらば、〈都道府県見習い〉のときの友人・お師匠に架電《かでん》して教えを請うこともできます。人は宝です。

とはいえ、〈見習い〉の本質は官僚見習いですので、霞が関伝統芸能としての『特殊極まる人工言語』にベッタリ染まります。半可通《はんかつう》ほど生兵法《なまびょうほう》をひけらかしたくなるため、喋り方からしておかしくなり、「及《キュウ》び」「並《ヘイ》びに」「又《ヌマタ》は」「若《ワカ》しくは」「に係《ケイ》る」「に関《セキ》する」「非《ヒコメ》※」「権原《ケンバラ》」「科料《トガリヨウ》」「次《ジ》の各号に掲《ケイ》げる用語の意義はポツ当該《トウガイ》各号に定《テイ》めるところによるマル」なんて読合《よみあわ》せ発音等をありとあらゆる生活場面で使ってみたくなるお年頃です。同時に、半可通ゆえ少なくとも最初の1か月ほどは、起案する文書が一字も原形をとどめないほど、課長補佐のエンピツで真《ま》っ黒々《くろくろ》に修文《しゅうぶん》されます。

(4)　課長補佐（警視）（軍隊では中佐相当）

「可能なら終電で帰る」権利のある、〈見習い〉に次いで退庁時間の遅い生物です。

遥《はる》かな昔、私が〈見習い〉の頃、同期と「今日も1日奴隷を頑張ろう!!」「今日も頑張ってガレー船を漕《こ》ぐぞ!!」などと言い合っていると（言うまでもないですが下らぬ冗談です）、それを耳にした優しい課長補佐が「課長補佐になったら、できることやれることがグッと広がるのを実感できるからね、それまでは頑張ろうね……」と私達に声を掛けてくれたのを思い出します。重ねて、霞が関の実務を回しているのは課長補佐だからです。

〈課長補佐〉は、官僚仕事については大抵〈見習い〉1人とコンビを組み、自分が直轄する分野の長《おさ》として、〈予算〉〈定員〉〈組織〉〈国会対応〉〈本来業務〉等々あらゆる仕事の起案・企画に責任を負うほか、課長等に代わって他官庁・民間団体と折衝《せっしょう》をしたり海外出張をしたりして、実質的に警察庁を代表します（例えば、平然と独りで庁外会議に出たり平然と独りで海外に出たりします——対処方針の決裁を終えているべきは当然ですが）。霞が関の官僚仕事のほとんどは、担当課長補佐が原案をまとめ終え／原案の根回しを終え／原案の意思決定手続を終えることになります（それを、冗談でいう奴隷・ガレー船漕《こ》ぎたる〈見習い〉を駆使して行うわけです）。もし自分の下に〈見習い〉の配置がないときは、官僚仕事については、自分自身が右の(3)のガレー船業務もこなします……

次項の〈理事官〉以上は決裁官としての性格が強いため、〈課長補佐〉-〈見習い〉のコンビが「ああでもないこうでもない」と議論しつつ／詰めを行いつつ起案した原案が、決裁官らの修正＋ハンコの洗礼を受けながらも、〈局審《キヨクシン》〉そして必要なら〈次長〉〈長官〉まで上がり、よって警察庁としての意思となります。〈課長補佐〉はそのように『最初の枠組みを企画してしまう』『最初の論点を設定してしまう』『最初の方向性を決定してしまう』権限を有しているため——問題解決において「何が問題か？」「大切な論点は何か？」を決めてしまえる権限は、実社会でお勤めの経験がある方なら御存知《ごぞんじ》のとおり、所謂《いわゆる》アジェンダ・セッティング（議題設定）の権限として、実に強力な権限ですよね——よって実質、〈課長補佐〉の意思が警察庁の意思となり、いえ、〈課長補佐〉はそもそも警察庁の意思となるべきものを起案する権限と責任があると、そのように表現できます。

　やや抽象論になりましたので、具体論を示せば、予算要求・増員要求・組織改正といった要求モノのロジックとエビデンスをペーパーにまとめきるのは課長補佐ですし、国会答弁の原案をまとめきるのも課長補佐、民間団体に対するスタンス・要望・指導事項をまとめきるのも課長補佐、海外出張ならプレゼン内容・対処方針を（英語で）まとめきるのも課長補佐です（私も3か月の間に、米加瑞諾《ずいだく》4か国へ鞄《かばん》持ちなく独りで飛びました）。

　またそうした官僚仕事でなくとも、〈本来業務〉——例えば都道府県警察に配分すべき予算の査定・調整をすること、都道府県警察が行う事件・行政処分等に対し必要な指導・助言をすること、都道府県警察へ出張をし／都道府県警察を巡回して必要な指導・助言をすること、都道府県警察の『売上』『品質』を管理し実績評価を行うこと、都道府県警察からの報告を受ける主たる窓口となること、都道府県警察からの意見照会・要望事項に対して警察庁としての回答を示すこと……等々は、時に決裁官のハンコをゲットしつつも、大抵は課長補佐が切り盛りすることとなります。成程《なるほど》、〈課長補佐〉の権限は〈見習い〉とは比較になりません。

しかし〈課長補佐〉-〈見習い〉のコンビは、警察官僚の他のあらゆる組合せにまして、何と言いますか、密《みつ》で濃厚で、時として一心同体のようにもなります。それは、〈課長補佐〉が〈見習い〉に対しどのようなスタンスで臨《のぞ》むか、にも左右されます。すなわち、〈課長補佐〉が「この見習いは使える」と確信すれば、自分の権限の多くを下ろし、原案の実質的な起案を委ね、自分は決裁官的な立場に回ります。さかしまに、「この見習いは駄目だ……」と見切りを付ければ、まずは雑務からスパルタで鍛え上げ、どうにか自分の手足・補助者・露払《つゆはら》いとして働かせつつ、成長を期待しながらも、ほとんどの実質的な権限を自ら行使します。ただいずれのケースにしろ、〈課長補佐〉-〈見習い〉は、配席という物理的な距離も、直属関係という職制的・心理的な距離も庁内随一《ずいいち》の近さを誇るため、好むと好まざるとにかかわらず、実に濃密な『師弟関係』に入ります。ここではどうしても『相性』の問題が生じます。よってお互い、「アイツだけは絶対に許せん」「二度と一緒に仕事をしたくない」なる悲劇的な関係に陥《おちい》ることもあれば、「今の俺があるのは、Aさんに役人のイロハを見習った御陰《おかげ》だ」「まあアイツを育てたのは何を隠そうこの俺でな」なる理想的な関係が生まれることもあります。

なお〈課長補佐〉は警視で、これは都道府県警察だと〈課長〉〈警察署長〉となる階級のため、都道府県警察からすれば、警察庁の〈課長補佐〉にお電話をするというのはなかなかに深刻な／胃の痛いタスクです。よって都道府県警察としては、警察庁への報告モノ・協議モノがあるときは、大抵〈見習い〉への根回しから始めます。ちなみに〈課長補佐〉は警察大学校では〈教授〉となるため、先の(1)で述べた〈初幹学生〉の、まさにドラマ的な教官になります。この場合は、〈教授〉-〈初幹《ショカン》学生〉の間に濃密な『師弟関係』が生まれることとなり、それは一生モノです。

(5)　理事官〈警視正〉〈軍隊では大佐相当〉

厳《いか》めしい職名ながら、その実態は霞が関相場で言えば『筆頭課長補佐』です。私の役人時代の記憶では、この意味で〈理事官〉なる職名を用いているのは警察庁と旧自治省です。

正体が筆頭補佐ゆえ、職制上は――意思決定ライン上は――警察庁各課のNo．2となり、イメージとしては、階級のインフレを無視すれば『警察署副署長』の役割を担う管理職です。要は筆頭補佐＝庶務担当課長補佐として、自分の課の『ヒト・モノ・カネ』の差《さ》配《はい》に責任を負いますし、自分以下の各課員について身上《しんじょう》実態把握・超過勤務管理・実績評価を含む人事管理を行いますし（私生活上のお悩み解決も）、あとしみじみしたところでは備品・消耗品・各種機器・冷蔵庫の中身、時にタクチケ／タクシー代の管理といった庶務担当らしい事柄《ことがら》をも統轄します（もちろん庶務係長等はいますが）。

また筆頭補佐ゆえ、〈理事官〉は自分の課の全ての仕事・全てのタスクについて、No．2としての指揮監督権・調整権を有します。端的《たんてき》には、当該《とうがい》課の他の全ての〈課長補佐〉〈見習い〉は、〈理事官〉の職務上の命令を受けます。

〈課長補佐〉は、自分の担当分野のみを分掌《ぶんしょう》していればよいのですが、〈理事官〉はそれら課長補佐が決裁・ハンコを求める全ての案件《マター》に責任を負います。よって自ら原案を起案することは限定的になりますが――それでも〈理事官〉以上しか知ってはならない秘密秘密・内緒内緒のお仕事はあります――しかし自身による起案の仕事が減る分、決裁官・ゲートキーパーとして『詰める』『駄目押しする』仕事が膨大《ぼうだい》になります。あらゆる〈課長補佐〉が、理事官在席と見るや10分でも5分でも時間を強奪して、決裁・ハンコを頂戴《ちょうだい》しようと殺到しますので。大きな課だと〈理事官〉の決裁待ちの行列ができることも自然です（といって、理事官卓の周辺にそうそう広いスペースはないので、物理的に待てるのは2人ほどですが、大部屋のあちこちの部下が虎視眈々《こしたんたん》と順番待ち／割込みを狙います）。

また〈理事官〉は〈課長〉と並び、自分の課の全ての仕事を知り得る立場にある管理職ゆえ、〈局審《キヨクシン》〉果ては〈長官〉から直接、「あれはどうなったの」「これはどうなってる」という督促《とくそく》を受けることも多いです。さかしまに――案件の軽重と局内文化によりますが――「これは重要だ」「有事だ」「この説明を誤ったらヤバい」と判断するときは、自ら腰軽く〈局審《キヨクシン》〉〈長官〉のお個室に飛び込んで諸々《もろもろ》の御説明をするというのも全く自然です（日常的な意思決定であれば、〈課長補佐〉が長官まで御報告等しても問題ありませんし、さかしまに〈課長〉の性格によっては、理事官が「私が行きますから」と諌止《かんし》するのも聴かずにブラッとお個室を出、長官まで了解を取り付けてしまうケースもあります）。

とまれ、〈理事官〉ともなると、警視以下とは物理的・心理的・職制的な距離がグッと開きますから、余程《よほど》人間性・実務能力に問題があるとして部下に見切りを付けられる場合は別論、〈課長補佐〉にとっても〈見習い〉にとっても『偉い人』『恐い人』です。といって、これも属人的《ぞくじんてき》な要素に左右されるところ大で……例えば、〈課長補佐〉‐〈見習い〉が課長補佐卓で「いかにして理事官を説得して／幾許《いくばく》かは騙《だま》して決裁をもぎとるか？」を謀《ぼう》議《ぎ》しているとき、熱中している内にいつしか本人が真横に来ていて「なになに？　何の難しい話？　僕も混ぜてよ!!」と気さくに申し出てくる場合もあれば（有難《ありがた》くも困ります……）、さかしまに例えば、懸命に詰めた書類を持って行っても意図的な昼寝中／瞑想《めいそう》中で、「……それ私がやることですか？」「どうぞ御判断でやってみてくださいよ」「御信頼していますから」と嫌味をブチかまされる場合もあります（●意がわきます）。

　ちなみに警察キャリアは、〈課長補佐〉なら全員が経験しますが、私の知る限りでは〈理事官〉を経験しない場合もあり、すなわち、〈理事官〉は警察庁本庁の要《かなめ》として一定のセレクションを受ける職といえます（もっとも超現場派であれば、むしろ「やりたくない」という場合もあるでしょうが）。重要な職ゆえ、局内理事官で構成する『理事官会議』は重要な意思決定機関・意思共有機関となります。また重要な職ゆえ、全国警察に対し（各理事官単独でも）『事務連絡』なる事実上の命令を発出する権限を有します（起案するのは〈見習い〉ですが、それは〈理事官〉の名前で出す文書を起案することになります）。

　なお、〈理事官〉はそもそも筆頭補佐ですが、特に局内筆頭課の〈理事官〉は、それら筆頭補佐すべての束《たば》ねでもありますから、局内各課に強い調整権を持つ〈企画官〉に化けます（＝局内筆頭課の理事官は大抵、企画官となります）。

あと無論、〈理事官〉は警視正ゆえ、都道府県警察だと〈部長〉〈大規模署長〉＝『都道府県警察の役員』に当たります。よって都道府県警察本部の〈課長〉でさえ、おいそれと架《か》電《でん》できる相手方《あいてかた》ではありません。〈理事官〉に対応すべきは『役員』各自です。そのような意味で、都道府県警察に対する〈理事官〉の影響力は〈課長補佐〉の比ではありません。〈理事官〉が業務指導にやって来る――となれば、諸《しょ》準備に週単位、時に月単位の時間を費《つい》やします。なおしみじみする話としては、警察が大好きな各種『全国会議』で司会をし号令を掛けるのは大抵〈理事官〉です。加えて、警察大学校においては〈初幹学生《ショカン》〉と〈課長補佐〉＝〈教授〉がドラマ的に濃密な人間関係に入るという話はもうしましたが、時に〈理事官〉も〈主任教授〉として着任し、やはりドラマ的に濃密な人間関係に入ります。

ちなみに、この〈理事官〉と次項の〈課長〉との間には、いわゆる〈府令職《フレイシヨク》〉と呼ばれる『ナントカ対策官』『ナントカ指導官』『ナントカ情報官』『ナントカ総括企画官』『ナントカ室長』といった、上位の警視正又は下位の警視長が就《つ》くポストが置かれます。次項の〈課長〉の仕事が膨大《ぼうだい》なとき、その一部を切り分けられて担当する職です。〈理事官〉より偉い人々ですが、〈理事官〉に比して特定の事務しか持たないため、案件によっては時に「この人のハンコも貰っておくべきだろうか……?」との躊躇《ちゅうちょ》を感じさせる職です。

(6) 課長（警視長）（軍隊では少将相当）

警察庁における所属長《ショゾクチョウ》です。既述《きじゅつ》のとおり、霞が関では基本的に『課』を単位として仕事を切り分けますので（警察庁については政令『警察庁組織令』参照）、『課』の長《おさ》となることは、重要な事務の1まとまり全体、重要な事務の1セット全体、重要な事務の1ユニット全体についての『全能神』となることを意味します。その担当分野＝所掌《しょしょう》事務については、他のどの課の口出《くちだ》しも拒める独占的・排他的な権限・特権を持ちます（例えば右の、局内筆頭課の〈企画官〉の調整があったとしても、それは警視正による調整ですから、警視長たる〈課長〉が頑《がん》として受け容れなければ、まるで意味を持ちません）。

旧人事院ビル時代（旧内務省庁舎時代）だと一般にお個室はありませんでしたが（局内筆頭課長とか、特定の隠微《いんび》な局の課長にはありました）、現在の合同庁舎2号館においては、私はお個室を有している〈課長〉にしかお仕えしたことがありません。その旧人事院ビル時代……まあ遥《はる》かな昔ですが、〈課長〉の鞄《かばん》持ちで諸々《もろもろ》の挨拶回りに同行した折、当該《とうがい》〈課長〉が「課長課長って言っても指定職《シティショク》に比べたら碌《ろく》なもんじゃないよ、車も個室も秘書もなければ国会でも喋れない、退職金も全然違う、やってることなんて俺も古野君も変わりゃしないさ、アッハッハ」なんて雑談をしてくださったのを思い出しますが（気さくで立派な方でした）、それは私が緊張でカチコチになっていたから。指定職《シティショク》＝役員との比較論ならそうも言えましょうが、〈課長補佐〉〈見習い〉からすれば〈課長〉なんて神様です。これまた階級のインフレを無視すれば『警察署長』の役割を担う管理職ですから。

その独占的・排他的な権限から、自分の縄張り・御本尊《ごほんぞん》・御霊《ミタマ》とする所掌《しょしょう》事務については――〈局審《キヨクシン》〉〈次長〉〈長官〉等指定職《シティショク》の了解は必要ですが――基本的にナンデモアリ。何でもできます。自分の思うように施策《せさく》を打ち、自分の思うように先例を変え、自分の思うように改革をし、自分の思うように都道府県警察を導けます。俗な言い方をすれば、『自分の治世《ちせい》においてどんな花火を上げるか』を決定し、実施させることができます。

〈理事官〉とは、課内のNo．2とNo．1として、極めて密接な人間関係に入ります。「決裁のハンコがほしいのに理事官ったら長いこといないなあ」……なんてときは大抵、課長室において、〈課長〉〈理事官〉がサシで何やら謀議《ぼうぎ》・密議をしています。重ねて、階級のインフレを無視すれば両者は〈警察署長〉-〈副署長〉の関係に等しいですから、この両者が謀議・密議すべき事柄《ことがら》は腐るほどあります。実際、その課の縄張りについては、全国警察の活動・施策《せさく》をこの両者が決定しているわけですし……重要なのでもう一度繰り返すと、その課の縄張りについては、事実上〈課長〉〈理事官〉の判断と権限によって、全国警察を如何《いか》にでも動かすことが可能です。警察のそれぞれの分野については、事実上、1人の警視長と1人の警視正が、全国警察の司令官となっているわけです。

そのような〈課長〉の仕事スタイルですが、これもまた属人的《ぞくじんてき》な要素に左右されます。全てを承知の上で「うん、まかせるよ」「うん、それでいい」と課員の自主性に多くを委ねる〈課長〉もいれば、「何だこのペーパーは、俺が書く」「俺に法律の講義をするのは一億年早い」と、課員よりもたくさんの起案仕事をしてしまう〈課長〉もいます。

他方で、〈理事官〉以下課員の方も〈課長〉を値踏みすることが多く、異動の都度《つど》「今度はいい課長でよかった……」「この道の権威だからなあ」「ホント数字に強いよ」「庁内でも天才で通っているし」とか、「今度は外れだ」「長官どころか局長1人説得できない」「なんでこんなのが来たのか……」「方針出せよ、やりたいことないのかよ!!」といった勤務評定を平然とします。すると下剋上《げこくじょう》・面従腹背《めんじゅうふくはい》も自然に行われます。

といって、〈課長〉=警視長は、都道府県警察ではまさに社長、〈警察本部長〉となりますから、警察庁の内部事情に必ずしも通暁《つうぎょう》できない都道府県警察としては、どのような〈課長〉とて恐怖の対象です。それはそうです。自分の会社の社長と同格なわけですから。よって旧知の仲というなら別論、都道府県警察の地元警察官が〈課長〉に直接コンタクトを取るケースというのは、まず想定されません。〈課長〉とコンタクトを取るというのなら、それは都道府県警察の〈警察本部長〉自らが行うべきものです（ただ役所の意思決定は警察庁／都道府県警察の別を問わず『ボトムアップ方式』ですから、そのようなハイソなレベルのコンタクト自体、日常的にはあまり想定できません）。

〈課長〉はまた、先の『ナンデモアリ』『何でもできる』『花火』を具体化する手段として、都道府県警察に対し『通達』なる命令を発出することができます（これについても、起案するのは〈見習い〉でして、その文書の名義人が〈課長〉だという意味です）。これは法的性質としては調整・助言である場合も多いでしょうが、受け取る都道府県警察の主観としては命令そのものです。〈理事官〉の『事務連絡』は、この〈課長〉の『通達』の範囲内の細目的事項、あるいは庶務的事項についてのみ発出できます。

なお警察庁の〈参事官《さんじかん》〉は〈課長〉と同格です（課のスクラップ現象により誕生します）。

(7) 局長・部長・審議官（警視監）（軍隊では中将相当）

殿上人《てんじょうびと》です。警視監以上＝指定職《シテイショク》＝役員ですから。警察庁各局においてはNo．1が局長、No．2が審議官となります。法令上、審議官はいわば局長の参謀職《スタッフ》であって、決裁ラインにはいないのですが、遥《はる》か昔の私が若い頃から、いえたぶんもっと昔から、当然のように決裁ラインにいる方として、『局長の決裁を要するなら審議官の決裁も要する』とされています。

警察キャリアの最終形態ゆえ、意のままにならないことは皆無《かいむ》に近いです。あらゆる決裁案件に理由なくしていいいい拒否権《ヴェトー》を行使できますし、実体験として言えば「お前の顔が気に食わん」「会議資料を斜めに置いた」「出張中だからと決裁を後閲《こうえつ》にした（素っ飛ばした）」「午後5時以降に入ってきた」「相撲《すもう》観戦の邪魔をした」「蛍光ペンが小賢《こざか》しい」等々の御無体《ごむたい》な理由から、平然と『局長室出入り禁止』『審議官室出入り禁止』処分が下されることもあります（なかなか解除されません……）。無論、これも属人的《ぞくじんてき》な要素に左右されますので、実体験としても、極めてフランクな方／飴《あめ》ちゃんをくれる方／披露宴の主賓《しゅひん》を買って出てくださる方もおられます。極めて個人的には、好々爺《こうこうや》系と猛獣系とのコンタクトが多く、両極端な印象がありました。今は違うのでしょうが。

国会中継で警察キャリアを見掛けるとしたら、それはこのレベルの最上級官僚です。指定職《シテイショク》からはお個室＋お車＋秘書がデフォルトの標準装備となりますが、旧人事院ビル時代（旧内務省庁舎時代）に比し、今の合同庁舎2号館時代は、例えば「昔は局長秘書嬢《じょう》1人＋審議官秘書嬢1人だったのに、今は合わせて1人になっているな……」などとしみじみする時代の流れも感じました（決裁の円滑は秘書嬢の協力者化に懸かっています）。

ちなみに〈官房長《かんぼうちょう》〉という職がありますが（警視監）、これは『長官官房』なる『局』の長《おさ》を意味し、すなわち局長の1人です。というか筆頭局長です。よって〈官房長〉は警察庁のNo．3となります。さらにちなみに、警察庁のNo．2は〈警察庁次長〉1人（警視監）、警察庁No．1は無論〈警察庁長官〉1人（階級外・最上位警察官）となります。警察庁長官は、軍隊で言えば大将に相当するでしょう。なお警察にはあと1人、大将に相当する〈警視総監〉がいますが（最上位階級者）、これは合同庁舎2号館のお隣の、警視庁A型ビルに住まう『東京都警察の長《おさ》』ゆえ、警察庁の住人ではありません。

なお、官房長・局長は『局長通達』を発することができ、これは無論、『課長通達』に優越します——起案は例によって〈見習い〉レベルがしますが。ここで、こうした文書命令の最高レベルは『次長通達』でして（警察庁用語でいう『依命《イメイ》通達』）、理論上の存在としては『長官通達』もあり得ますが……しかし私はその現実の発出例を知りません。

警察官僚のメンタリティ

とにかく意思決定・決断が早くなります。連日連夜、終電時刻で切り上げるとしても、14時間も15時間もほぼぶっ通しで『一分将棋《いっぷんしょうぎ》』を指しているようなものですから……

これをやや具体的に見れば、既述《きじゅつ》のとおり、私の時代だと『国会答弁なら3時間』『合議《アイギ》なら48時間』『質問主意書なら7日』等々の非人道的な締切がありますし、はたまた、『理事官会議が金曜日』『審議室《シンギシツ》が月曜日』『局議《キヨクギ》が火曜日』『水曜会《スイヨウカイ》が水曜日』『国家公安委員会が木曜日』なるほぼ不動の関所《せきしよ》がありますので、端的《たんてき》には『いつも何かの締切に追われている』『いつも自分では動かし難《がた》い締切に追われている』のが警察官僚の常態《じようたい》です。

もっと具体的に見れば——合議《アイギ》を例に採ると、ドカドカと回付されてくる所謂《いわゆる》『5点セット』には大抵、いえいつも、回付元《もと》の先輩の手書きコメントで「ショートノーティスで恐縮ですが、質問は本日午前零時までに願います（厳守だぞ古《フル》）」なる威迫《いはく》が記されており、「人生でショートノーティスでない場合があったかな……？」などとしみじみしながら時計を見れば午後6時過ぎ、「おいあと6時間しか……ていうか課長帰るところだし!! 理事官はビール飲み始めたし!!」「決裁とれないじゃん……」みたいな状態が常態《じょうたい》です。

これが国会対応ならもっと殺人的なスケジュールとなりますから、ブラインドタッチが最も速い〈見習い〉の机に〈課長補佐〉も〈理事官〉も集《つど》って、上官が台詞《セリフ》回しを口頭で起案する傍《かたわ》ら、〈見習い〉が備品のパソコンを壊しそうな勢いでバシャバシャバシャバシャとにかくキーを叩いている、みたいな状態も常態《じょうたい》です（まさか30年近くの時を経て、作家となってその打鍵《だけん》訓練が活《い》きてくるなど、当時は想像だにしていませんでした）。

そして、三つ子の魂百までと言いますか、私は作家になった今も、『3時間』『48時間』といった単位で仕事をしてしまいまして……ゲラをチェックするなら、原稿用紙800枚の作品であろうと1200枚の作品であろうと『48時間』――中1日で返す癖《へき》のある『異様な作家』『奇人』として知られています。カバーイラスト、オビ、あらすじ等の付き物《ツモノ》のチェックをするならほぼノータイム、掛かっても『3時間』。版元さんからの諸々《もろもろ》のメールは、来た瞬間に片端《かたはし》から処理して処理を終えたら全部消します。また極論、短編・中編を『7日以内』で脱稿《だっこう》することも実際にあります。元々が軽からぬ病気持ちゆえ、1年を通じてそのようなフル稼動《かどう》はまさかできませんが、どうにか躯《からだ》が起きていられる限り、頭の中にあるのはとにかく締切、締切、締切。それを破るのは――いよいよブッ倒れでもしない限り――本能的に恐いですし、一刻も早くその本能的な恐怖から逃れようと、「できるものは今すぐやる」「明日できるものは今やる」「明後日できるものも今やる」「とにかく手持ちを全部打ち返して自分の時間を作る!!」「さもなくば死」という仕事スタイルを取ってしまいます。ここで私は、版元さんも編集者さんも全くそのようなことを期待していないと知っています。普通、ゲラチェックなら2週間、短編なら1か月で全くおかしくありませんから。ですので私の本能的な恐怖とは、不合理な、いわゆる了解不可能《りようかいふかのう》な、ある種の精神疾患《しっかん》で、その発症原因は間違いなく霞が関勤務です。すなわち、無制限・無《む》定量《ていりょう》に降り積もってゆく諸々《もろもろ》の案件を斬《き》っては捨て斬っては捨てて、自分個人の判断は常に一分将棋、とにかく庁内意思決定過程に齟齬《そご》がないよう急いでハンコをもらう段取りを組んで常設イベントに間に合うようにする、さもなくば死……という霞が関の勤務スタイルが、きっと生涯躯《からだ》から抜け出ることはないほど我が身に染《し》み着いています。

はたまた、これは自慢でも何でもなく、私のゲラチェックは『校閲《こうえつ》さんのミス摘発率より作家自身のセルフ摘発率の方が多い』のが通例ですが――それもそうです。20年弱も官僚なんぞをやっていれば、連日連夜がペーパーとの格闘ですから当然そうなります。自分が起案したものの執拗《しつよう》が上にも執拗《しつよう》なチェックは最低限のマナーですし（誤字があると内容の信憑性《しんぴょうせい》も確実に疑われます、好んでスキを作る必要はありません）、また決裁権者《けつさいけんじゃ》としてハンコを押すときもハンコを押した時点でそれは自分自身のペーパーと同義になりますから、〈てにをは〉に至るまで執拗《しつよう》が上にも執拗《しつよう》にエンピツ入れをするのが最低限の職務倫理です。もっとも私は小心すぎるゆえ、同期には「また赤ペン先生やってる〜」「てにをは、てにをは〜」とからかわれましたが、とまれ、一字一句の誤りが最大で懲戒《ちょうかい》処分に直結する世界で生きていれば、自分の書いたもののミスを自分で摘発するなど児戯《じぎ》です。形式を整える、書式を守る、配字のバランスを考える、むろん用字用語の誤りの絶無《ぜつむ》を期す――ということも、ある種の精神疾患として私の躯《からだ》に染み着いています（よって、退官してすぐの頃は『AやB』『AかB』『Aなど』『A及び、B』『Aかつ、B』『A及びB等』といった表現は、もう役人でないどころか自由な小説書きなのに、本能的に恐くて使えませんでした……全て伝統芸能としての『特殊極まる人工言語』文法に違反するからです）。

あと自分の警察官僚時代を顧《ふりかえ》るに、「おかしかったなあ」「異様だったなあ」と今は笑えるのは、『終電以前の街を知らない』ことです。実体験として、退庁は最も早くて終電時刻、いえ平成も熟してくる頃は午前2時〜3時が多かったので、銀座《ぎんざ》にしろ東京駅界隈《かいわい》にしろ、タクシーが通過してゆく神保町《じんぼうちょう》・お茶《ちゃ》の水《みず》あたりにしろ、真っ暗で無人なイメージしかないのです。『とても綺麗な、終末の世界』というか……ところが、昔日《せきじつ》の私は赤羽《あかばね》のワンルームに住んでいたところ、同じ建物に住まう大家《おおや》さんは何故か「家賃は必ず手渡し」「休日は避けてほしい」なるルールを採用しておられ、しかし午前様《ごぜんさま》でピンポンしてお邪魔するのも実にはばかられ……仕方が無いので上司に泣《な》きの涙《なみだ》でお願いをして、月イチで午後8時に退庁する日を作る許可をもらったのですが……そのとき目《ま》の当《あ》たりにした銀座・日比谷《ひびや》・有楽町《ゆうらくちょう》のまた眩《まぶ》しいこと。東京駅界隈《かいわい》と併《あわ》せ、生きたヒトの多いこと多いこと。まして僻《ひが》み根性でしょうか、目撃する誰も彼もがほんとうに楽しそうで活《い》き活《い》きしている。街もヒトも生きている。いえアタリマエのことなんですが、終電前の夜の街が「ほんとうはこうだったんだ……」「いつから忘れていたんだろう……」としみじみしました（アクティヴな警察官僚なら、使える土日をフル活用して違う感性を培《つちか》うのでしょうが、私は使える土日はとにかく寝倒すタイプだったので……）。

加えて、若い頃は、警察官であることを過剰に意識し、「警察キャリアであろうと警察官だ!!」と言わんばかりに、確か同期2人と一緒に、有楽町線の終電内で乱暴狼藉《らんぼうろうぜき》を始めた酔漢《すいかん》を取り押さえるなどしました。それが年を取るにつれ、様々な恐さを知ったからでしょうか、通退勤でも私生活でも極力、警察官であることを秘するようになり……退官前に2度、駅の階段から転げ落ちて頭を打った方を救護したり、下りたばかりのバスの発車に巻き込まれてブッ倒され引きずられた方を救護したりと、私らしからぬ警察官っぽい活動をしたことがあるのですが……現場での応急措置を終えた後、救急車が到着したその刹《せつ》那《な》、名も告げずに現場から逃走しました。ここで、私がよく御紹介する警察用語に〈防衛運転〉なるものがあり、要は事故に遭《あ》ったらたとえ被害者となっても物心両面で大損するのだから、被害者としてでも事故に遭わないよう、最初からトラブルを予想して身を守れ、最初からトラブルに近付くな、最初からトラブルを回避できるよう振る舞え……といった意味合いですが、年を取るにつれ様々な生活場面でこの〈防衛運転〉を心掛けるようになり、だからトラブルの種と認められるモノには端《はな》から近付かない／遠ざかるようになり、まして街頭で警察官としての活動をするだの警察官であることを自ら明らかにするなど、滅多《めった》にしないようになりました。ただ例えば交番に拾得物を提出するときなど、つい言葉遣い・イントネーションで御同業《ごどうぎょう》であることがバレ、「どちらの所属ですか？」「お長いんですか？」「どこか書類に誤りはありませんでしたか？」「今度巡回連絡してもいいですか？」等々と若い人に天真爛漫《てんしんらんまん》に質問され、辟易《へきえき》はしませんが「しまった……」

と用心の浅さを悔やんだ経験がしばしばあります。これすなわち、私について言えば、若い頃は「俺は警察官だ、常在戦場《じようざいせんじよう》だ、トラブルがあれば対処するのが義務だ!!」と思いがちでしたが、老いてくると、第一線経験が増えることもあってか「そもそも現場措置では現場警察官に敵《かな》わないのだから、各々《おのおの》の領分《りようぶん》と了見《りようけん》を弁《わきま》えるのがいちばんだ」「警察キャリアが警察活動を実施するなど、突然の戦争か大震災のときくらいだ、それも独りでできることは高《たか》が知れている」「まして、自分が警察官であることを明らかにしてトラブルに介入するなど、関係者の誰にとってもメリットがない」と思うようになりました。無論、仮に自分が物件事故を起こしてしまったそのときに、臨場したおまわりさんに告げ知らせる職業は「公務員です」以上。全くの余談ですが。

あと官僚経験者の特異なメンタリティとして、『後出しジャンケンは大嫌い』なるものがあります。これは霞が関における意思決定の鉄則に由来します。協議・折衝《せつしよう》をするとき——具体的には質問をし意見を出すとき——『最初の機会に提示していない論点は二度と口にできない』『もし口にしてきてもガン無視OK』なる鉄則があるのです。例えば、警察庁がX省の縄張りに踏み入る際、要旨《ようし》「こんな通達出すけど御意見御質問ある?」と協議を掛けたとします。そして「もちろんあるぞ、Aしろ、Bしろ、Cしろ、Dしろ」との御意見を頂戴《ちょうだい》したとします。そのとき、警察庁は当該《とうがい》ABCDについては真摯《しんし》に検討する必要がありますが、それ以降X省から「あっ忘れてたけどEとFもな」「そもそもGってどういう意味だ？」とか言われても既読スルーOK、ガン無視OKです。いえ、そもそもX省が常識ある役所なら、そうした後出しジャンケンはメンツと実利に懸けてしません。役人としてのマナーを疑われますし、まして今後、自分が同様の後出しジャンケンをされては極めて不都合だからです。

――なお、都道府県警察に勤務しているときは、『指揮官』『司令官』という観点からも、また『第一線警察官』『実働警察官』という観点からも、警察庁勤務時とは大きく違ったメンタリティを持つようになりますし、持たなければなりません。大きく括《くく》れば『人を愛し、土地を愛し、仕事を愛する』という旧内務官僚のモットーそのものとなりますが、具体的場面に応じ、また階級の別を問わず、『常在戦場』『指揮官先頭』『一歩前へ』『人の嫌がることをやる』『みすぼらしい神輿《みこし》は誰も担がない』『指揮官の辞書に困難はない／指揮官に難しいもヘチマもない／そんな覚悟で事件ができると思っているのか!!』（最後のは実際、某《ぼう》警視監にそう怒鳴られました……）等々の了見《りょうけん》が必要となります。

第4章 環境・私生活——隴西《ろうせい》の李徴《りちょう》は博学才穎《さいえい》……

物理的勤務環境

中島敦《なかじまあつし》の『山月記《さんげつき》』は、科挙《かきょ》＝国家公務員総合職試験に合格したキャリア組の李徴《りちょう》がたどる数奇《すうき》な運命を描いており、いやはや、唐《とう》の時代から官僚の生態や勤務環境はあまり変わらないのだなあ――と共感を憶えます。うち、警察キャリアの組織内における生態は前章で詳論《しょうろん》しましたので、本章では環境・私生活を概観します。

警察庁勤務においては、イメージとしては、登庁から退庁まで自分のデスクにいるようなものです。午前9時30分が勤務開始時刻ですが、警察庁勤務の場合、朝イチで議員先生主催の勉強会だのエライヒト決裁／レクだのがあったりしなければ（そのときは死んでも寝坊できないので危機管理上自席に泊まってしまいます）、さほど前倒しの出勤は求められないため、午前9時15分に自分の課の敷居《しきい》を跨《また》いでいれば問題ありません。バブルの残光が微《かす》かに足元を照らしていた昔は、「3時4時に帰るなら10時に出てくればいい」なる自主的フレックスも許されていましたし、私の尊敬する天才型の〈理事官〉など超夜型だったため、〈課長〉に「君、せめて四捨五入して10時には出勤したまえよ……」なる意味の通じるような通じないようなお説教を受けておられましたが、そして往時の私自身も平然と9時50分あたりに出勤していましたが（課長補佐の方が無論早く、毎朝「古野理事官も立派になられたもんだ」と苦笑されました）、そんな『大らかさ』は、諸事《しょじ》厳格になっている令和の御代《みよ》ではまさか考えられない、処分すら想定しなければならないものです。とまれ、かつては鰻《うなぎ》の寝床《ねどこ》の如《ごと》き、10人は入り難《がた》い程度の喫煙所があったので、愛煙家が朝イチの決裁・報告書類をチェックしながら煙を焚《た》いていました（これまた失われゆく文化）。

そして特にベル、放送等のないまま午前9時30分には自席に着いて勤務開始。あっという間に午後12時15分で午前の部終わり。事前に買っておいた業者のテイクアウト物を5分程度で食べて（これも自席。なお湯茶の類《たぐい》は〈課長〉を除きティーサーバー等でセルフサービス、無論お代は自腹《じばら》で定期的に集金・貯蓄されます）、その後すぐ自席で短い昼寝等々。午後1時から昼の部開始で、またもやあっという間に勤務終了時刻の午後6時15分です。

この時刻に、国会情勢に応じ、既述《きじゅつ》の『本日の待機の種別』が一斉放送されますが、どのみちここからが夜の部開始。朝の部・昼の部は、誰も／どこも営業時間内ゆえ、『他課への対応・他官庁対応・都道府県警察対応等が盛んに行われる時間帯』であって、まさか『自分の仕事を自分の裁量で処理できる時間帯』ではありません。比較的落ち着いて自分の各種宿題を自分のペースで処理できるのは、国会待機等をする夜の部となります。夜の部においては、情勢によっては虎ノ門《とらもん》あたりに外食に出ることもありましたが、記憶を遡《さかのぼ》れば弁当等のデリバリーが主でした。すなわち昼も夜も食事は自席がメインです（これまたバブルの残光が微かに足元を照らしていた昔は、例えば昼休みも1時間あり、また諸事緩《しょじゆる》やかな時代だったため、同期複数と「今日は銀座にする？」なんてかたちで連れ立って庁外へ出撃、デフレの今にして思えばかなり高額なイタリアン等を、ぶっちゃけ時間も気にせず悠然《ゆうぜん》と食べていた記憶がありますが……平成の半ば以降、そのような豪遊はそもそも時間的に無理となりました）。

ここで、朝の部・昼の部は重ねて営業時間内ゆえ、こちらから各所へ話・書類を持っていったり、各所から話・書類が来たり、あるいは各種会議が開催されたりします（＝それらが失礼でない時間帯ゆえ）。当然、エライヒトの決裁を頂戴《ちょうだい》すべき時間帯でもあります。したがいまして、頻度《ひんど》は異なりますが、〈課長〉〈理事官〉〈課長補佐〉〈見習い〉のいずれもが、自分の段取りや会議日程に応じ、庁内のあちこちを行き来《いき》します。ただそうした『事務的短距離走』で、精々《せいぜい》5フロア内を階段を使い往来するほかは、ほぼ自席に貼り付いているのが常態《じょうたい》。要は行動範囲が著しく狭く、情勢によっては極論、朝の9時30分弱から深夜2時30分あたりまで全く自席を動けなかった――なる事態も、あながち誇張ではありません。物理的にも、自席デスク上では、パソコンを挟んで右も左も、地層の如《ごと》くに

A4書類束《たば》タワーが、もう目の高さまで積み上がっていますし、椅子の左右／椅子の奥でさえ、執務に必要なドッチファイル総計10冊以上くらいが自分を包囲しますので——自分自身で置くのでセルフ籠城《ろうじょう》ですが——デスク周りに障害物が多く、正直、手洗いや大好きな喫煙に出るのも厄介《やっかい》に感じることがありました。

もっとも、警察庁勤務となると平然と海外出張がありますし、〈本来業務《ほんらいぎょうむ》〉として都道府県警察の現場を指導する課は国内出張も少なくないため、そのときは前日深夜零時に切り上げて翌朝10時の国際便に乗っているなど（これまた寝坊が気が気でない）、常態《じょうたい》と比較すれば、突然かつ瞬間風速的に行動範囲が広がることはあります。しかし何せ超夜型、というか実質24時間型ゆえ、ある同期など〈見習い〉時代、〈課長〉の鞄《かばん》持ちで都道府県警察への出張へ出るべきところ、御予想のとおりでしょうがあざやかな寝坊をし、とうとう〈課長〉を独りで新幹線に乗せた——なる武勇伝《ぶゆうでん》を誇っています。やがて今度は私が当該《とうがい》〈課長〉にお仕えしたとき、それを本気で笑って許していた大度《たいど》には感銘を受けました。とまれ都道府県警察出張、かつ泊《はく》付きだと、その一夜だけは午後10時11時に寝ても誰にも咎《とが》められないため、自分が鞄持ちであれトップであれ、しみじみする職業的安堵《あんど》を感じます。

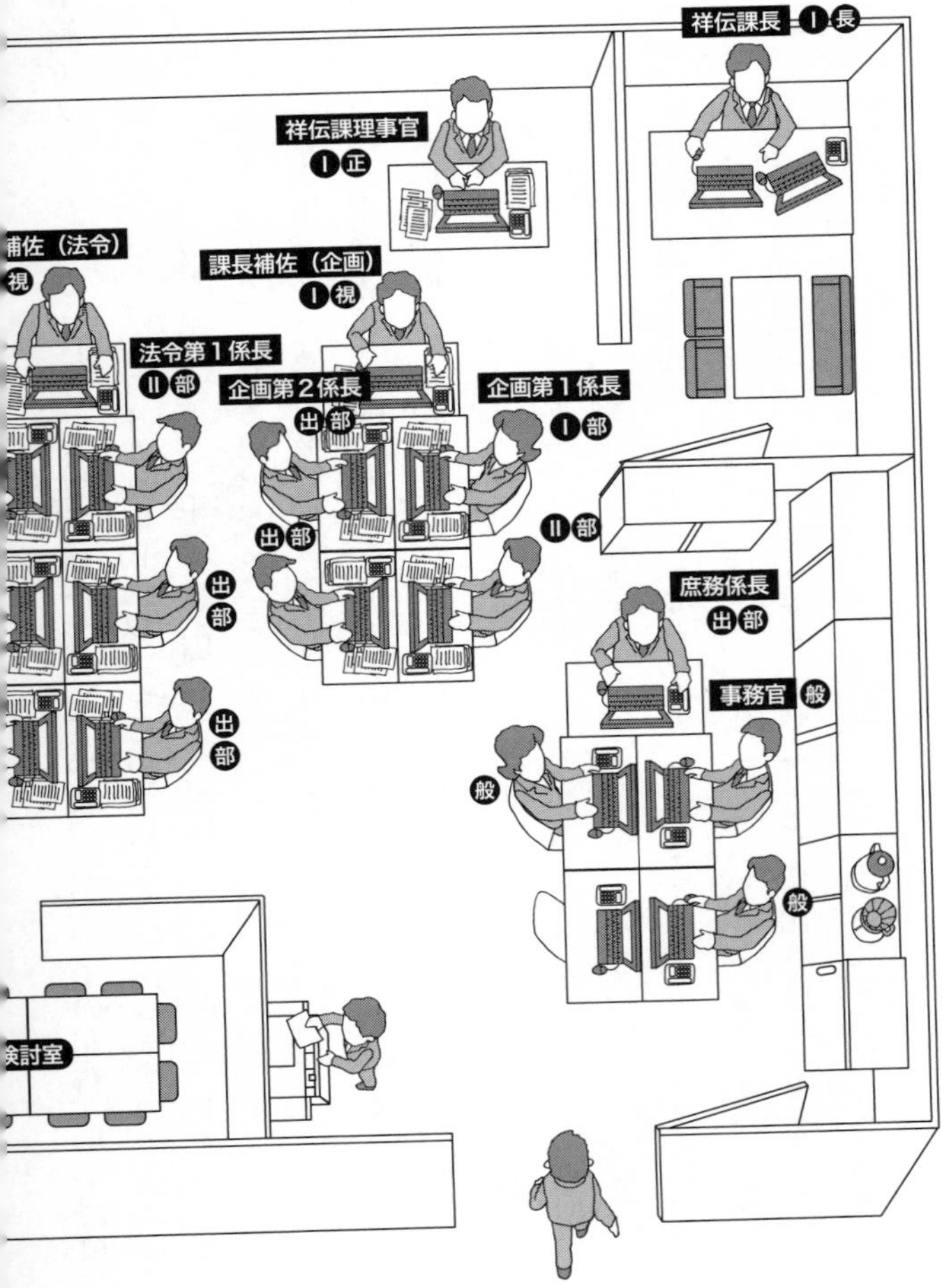
祥伝課長 Ⅰ長
祥伝課理事官 Ⅰ正
補佐（法令） 視
課長補佐（企画） Ⅰ視
法令第１係長 Ⅱ部
企画第２係長 出部
企画第１係長 Ⅰ部
出部
Ⅱ部
出部
出部
出部
庶務係長 出部
事務官 般
般
般
検討室

警察庁祥伝課（イメージ・架空）

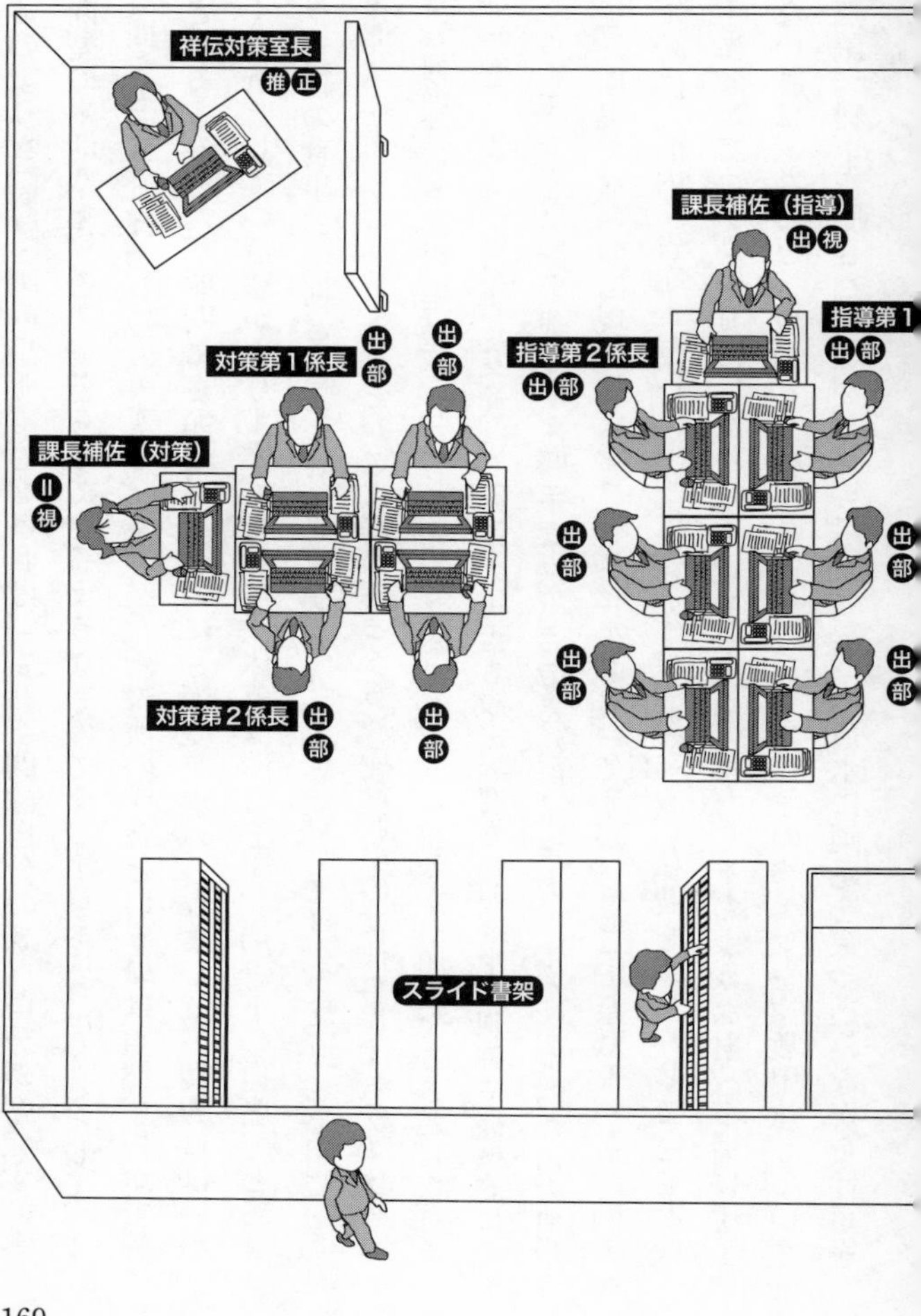

さてそのような国際・国内出張でもなければ、生活空間は自分の課、自分の席です。実質24時間型の生活ゆえ、そこで暮らしているようなものです（平日家《いえ》に寝に帰るとして、4時間5時間を過ごせれば嬉しい方ですから……）。ただ役所の庁舎というのは当然、税金で管理運営されるものゆえ、照明にも節電が、空調にも節度が求められまして、端的《たんてき》にはいつも薄暗く鬱蒼《うっそう》としている感があります。まして昼休みは消灯です。消灯下の自席でとるテイクアウト物の食事の、何とも言えないうら寂しさが印象深いです（そもそも各課ごとの性格と雰囲気によっては、針を落としても聴こえるくらいの静寂の内に仕事をするケースもあり、すると何の変哲《へんてつ》もない電話でもヒソヒソ声になるなど、うら寂しさが加速することとなります）。無論のこと空調は夏暑く冬寒い（使用の可否も設定温度もいわば中央制御で機械的に一括管理されます）。窓は嵌《は》め殺《ごろ》しゆえ勝手な換気もできない。まあ、未《いま》だ圧倒的な男所帯《おとこじょたい》なのに意外に臭くないのは現代的なオフィスビルっぽいですが。ここで余談ながら、旧人事院ビル時代（旧内務省庁舎時代）は諸事大《しょじ》らかだったため、私費をカンパして窓を魔改《まかい》造《ぞう》し勝手に闇《やみ》エアコンを取り付けたりしていましたし、また、そのような財政事情に恵まれていない課は、なんと、夏場とくれば青いバケツやブリキのバケツを複数用意していました。無論、靴下を脱ぎハーフパンツ等になって、水道水に両足を突っ込みながら仕事をするためです。令和の今現在では想像の埒外《らちがい》でしょう（出鱈目《でたらめ》をやっていた他の例としては、七輪《しちりん》で干物《ひもの》を焙《あぶ》ったり焼き魚を作ったりもしました）……

さてそのような物理的勤務環境の中、そこで『暮らす』警察官僚の服装は全てスーツです。無論、夏場は強制的にクールビズとなりますが、とまれ制服警察官は1人もいません。既述《きじゅつ》のとおり警察庁警察官は基本、具体的な警察活動を実施する権限を持ちませんので、そもそも制服貸与の必要がなく、事実、装備品ともども一切貸与されません。ここで、都道府県警察の文化だと、〈警務《ケイム》部門〉〈交通部門〉〈学校〉は制服勤務ですし、そもそも私服勤務の警察官にも制服＋装備品の貸与が必ずありますが、警察庁の〈警務《ケイム》部門〉＝長官官房の一部であろうと、警察庁の〈交通部門〉であろうと、貸与手続自体がありません。もし警察庁警察官が制服の貸与を願い出ることがあるとすれば、それは披露宴において、あの武官っぽい金の飾緒《しょくしょ》が特徴的な黒い『礼服』を着るときくらいのものです。身贔屓《みびいき》ながら、絵になる上に衣装代が掛かりませんから。ただし大きな例外として、警察庁警察官が警察大学校勤務をするときは、必ず制服勤務となり、よってその貸与手続があります。

人間関係

警察の財産はヒトで、かつ実質的にヒトだけですから、個々の人材が大切なのは無論、集団としての人間関係も重要です。

ここで私は、実は『警察官僚』あるいは『警察キャリア』なるものが一体、総数で何人いるのか知りません。それは、来る年来る年必ず新陳代謝《しんちんたいしゃ》で変わるから知らない、という意味でもあれば、そもそも気にしたことがない、という意味でもあります。読者の方が勤《つと》め人《にん》だとして、御自分の会社の職員数など、一桁《ひとけた》単位で気に懸けたことがあるでしょうか?

といって、概数も知らないというのは職務倫理……OB倫理上問題がありますので、私が駆け出しの頃警察大学校で聴いた憶えのある数字を挙げますと、『警察キャリアの総数が約500人強』『いわゆる準キャリア（旧Ⅱ種＋都道府県警察出身の推薦組《すいせんぐみ》）の総数が約200人強』で、この約700人強が、中央省庁の意思決定に関与する役人という意味での〈官僚〉、かつ警察官なる身分を持つ〈警察官僚〉とのことでした（なお同じ警察官なる身分を持つ者について言えば、都道府県警察の警察官の総数は今現在約26万人です）。

この『社員数』を理屈で考えても、旧人事院ビル時代（旧内務省庁舎時代）なら警察キャリアの勤続年数は――長官・総監へ進まないとして――約30年。これは第１章で御紹介した「これから30年間、仲間として一緒に頑張りましょう」なる言葉と整合性がありま す。他方で、今現在の合同庁舎２号館時代では、警察キャリアの勤続年数は同様の前提で約35年に延びています（昇任速度の政策的抑制の結果でもあれば、どの組織でも見られる『上が詰まっている』ことの結果でもあります）。さてこの勤続年数に加え、またまた私が警察大学校の初幹《ショカン》学生時代に気合いを入れられた記憶を思い起こせば、「当庁だとⅠ種の新規採用の適正数は13人だから、君達のうちX人は辞めてもらわなければならん」とのことでしたので（総務課企画官の御講義で開口一番《かいこういちばん》言われました。何をおっしゃるのかと吃驚《びっくり》しました）、「一期の人数×勤続年数」で、警察キャリアの総数は理論的に弾き出せるはず。ただ私の期を含め、13人を遥《はる》かに超える期も（20人台も）全然めずらしくありません。すると、仮に一期を13人と割り切れば警察キャリアの総数は（本庁＋地方引っくるめて）４５５人、一期15人なる丸い数字を採れば５２５人、一期20人なる体感的にありそうな数字を採れば７００人となり、これらの理論的な数字を踏まえれば、やはり約５００人強～約６００人弱といったあたりが妥当かと（重ねて、キャリア＝総合職＝旧Ⅰ種の話です）。

警察キャリアは地方勤務の通算期間も長いので、これら全てが同時期に警察庁本庁にいるわけではありませんが、この程度の規模の生物が、前述の如《ごと》くに精々《せいぜい》5フロア内で密《みつ》に集《つど》っているとなれば。また、誰もが終電で帰るとしても1日15時間はそこで暮らしているとなれば。そこに濃密な人間関係＝権力関係が生まれない方がおかしいでしょう。いえ、繁忙期《はんぼうき》を基準とすれば、1日17時間～18時間をそこで暮らしていても不自然ではありません（当然、階級＝職制にもよりますが……）。要は、警察キャリアの人生時計・警察キャリアの体感時間は、相対性理論ではありませんが、1日で概《がい》して「勤務時間7時間45分×2」を経験するため、庁内で1日過ごせば外界での2日が過ぎると、こういうことになります。ものすごく単純化すれば、警察庁内は時の流れが世間の2倍、なら1か月勤務すれば実時間の2か月が、1年勤務すれば実時間の2年がたちまち経過すると、こういうことになるでしょう（といって、霞が関ではどこでもこうした相対性理論が働くでしょうが）。

狭い世界で、2倍の人生……

あと加うるに、階級＋職制、そして年齢の問題。すなわち、ライン職からなる〈係長‐課長補佐‐理事官‐課長‐（審議官）‐局長〉といった職制は、どの官庁・役所にも存在しますが、警察庁ではそれに加え、階級制度が存在します。どの階級の警察官がどの職に充《あ》てられるかは本書のまえがきで図示等しましたが、ともかくも警察庁では、上位の警察官Aさんは『職制上の上司』であるとともに『階級上の上官』でもあります。要は、一般の官庁・役所に比べ、上下関係を規律し統制する『縛り』が二重になっているのです。まして警察キャリアについて言えば、『同期同時期一斉昇任』が原則で昇任試験など存在しないため、必然的に、階級＝職制が下の者は若年で、上の者は壮年・熟年となり、キレイな年功序列が成立します。これが都道府県警察だと昇任試験制度があるため、仮に同期であっても、いえどの警察官であっても『追い着き追い抜き追い越され』が成立するのですが——だからキレイな年功序列になどまるでならないのですが——重ねて警察キャリアには昇任試験がないため、上の期の警察官はいつまでも上位者、下の期の警察官はいつまでも下位者。諸々《もろもろ》の学校の学年的に喩《たと》えるなら、『小学1年生から大学4年生まで』といった感じで、年次の観点からの優劣が決定され固定化されます（飛び級一切ナシ）。以上をまとめると、警察キャリアには身分上の〈三重の縛り〉があることとなります。職制・階級・年次です。よって、もし先輩キャリアAと後輩キャリアBが例えば〈課長補佐〉・〈見習い〉、〈理事官〉・〈課長補佐〉、〈理事官〉・〈見習い〉あるいは〈教授〉・〈学生〉といった特別な人間関係を経験していないのなら——要は見知らぬ他人なら——警察庁俗諺《ぞくげん》どおり、「一期違えば主人と奴隷」なるメンタリティあるいは制度が確定的なものとなります。

この〈三重の縛り〉＋〈密な生活空間〉＋〈警察庁時間の相対性理論〉により、望むと望まざるとにかかわらず、警察キャリア約500人強は、良くも悪くも『特濃』『ギガ盛り』『アブラマシマシ』な人間関係≒権力関係を形成することとなります。それは、右に述べた特別な人間関係を経験した場合でも、あるいは見知らぬ他人同士の場合でも、逃れられない人間関係です。というのも、官庁なり警察なり、外部から独立し／切り離された特異な部分社会においては、ましてや規模の小さな部分社会においては、インフォーマルな、アンダーの、給湯室の情報交換的な（物理的にやっている時間はありません）『レッテル貼り』『噂《うわさ》の支配』が強く機能するからです。そもそも約500人強なんて、中小企業の最大社員数や高校の1学年に毛の生えたような密な規模なので……

ここで、警察庁俗諺《ぞくげん》に「キャリアの評価は見習いで決まる」なるものがありますが、これこそ、警察キャリア人生の既に最初期において、小さな部分社会における『ラベリング』『仕訳《しわけ》』『フィルタリング』が、しかも噂レベルの情報交換で、たちまち確立してしまうことをよく示しています——警察庁がキレイな年功序列の組織であるためか、警察官なる特異なメンタリティゆえか、一般論としては同期の情報ネットワークは、仲の良し悪しを問わず入庁から退官まで強く機能し、よって各上司≒各先輩は、主としてこの同期ネットワークを通じ、極めて単純化すれば「見習いのAはおバカさん」「見習いのBは使えない」「見習いのCは絶対信用できない」「見習いのDはピカイチ」「見習いのEは長官候補」といったラベリングをし、またそのラベリングを全庁的に共有します。そしていったんラベリングがなされれば、規模の小さい徒弟《とてい》制度の噂社会ゆえ、〈見習い〉が〈課長補佐〉になっても、あるいは〈理事官〉になっても、それが剝《は》がされたり好意的に修正されることは極めて稀《まれ》です（すなわち優に15年以上は最初期のラベリングが物を言います）。

……ただ、それもやむを得ないでしょう。

人はどうしても悪い噂、端的《たんてき》には悪口・陰口の方を好みますし、失敗談や悪い方の武勇《ぶゆう》伝《でん》は、たちまち伝播《でんぱ》するばかりか十年単位で酒席のネタになりますから……ただ客観的に言って、そんなラベリングをする側の眼力は概《おおむ》ね正しく、また同期ネットワーク等により、ラベリングは更に複眼的に／正確に磨かれてゆきます。よって、まあ、どこかジメッとした感は否《いな》めないものの……それを『人間関係の悪しき面の発露《はつろ》である』と非難して終わりとするわけにもゆきません。重ねて、各上司＝各先輩には目利《めき》きが揃《そろ》っていますし（〈見習い〉の直属上司なら尚更《なおさら》）、ただ悪口・陰口を言うのみならず、すごいものはすごいと、天晴《あっぱ》れなものは天晴れだと、直截《ちょくせつ》に褒《ほ》めるケースも腐るほどあるからです。

人間関係における登場人物

階級＝職制ごとの人物像は概観しましたので、人間関係＝権力関係において登場・遭遇する『生物』の分類を試みます。

(1)　**猛獣**

令和の御代《みよ》ではどうなっているのか知りませんが、平成の御代ではたくさん〈猛獣〉がいました。大抵は伶俐《れいり》・俊英《しゅんえい》に過ぎて、同じ警察キャリアを含め、他者の愚昧《ぐまい》な言動が我慢できないのでしょう。そんな〈猛獣〉には、様々なタイプが揃《そろ》っていますが――

電話が架かってくればまず開口一番《かいこういちばん》で怒鳴られますし（何故?）、呼び出されて赴《おもむ》けば「大体キミのそのトンチンカンな仕事っぷりがね!!」「検事にあんなこと喋ってこのオタンコナス!!」「一体何を考えて生きてるの!!」等々と立たされたまま延々と独演会《どくえんかい》形式で面罵《めんば》されます（私は警察庁以外で、人生において『頓珍漢《とんちんかん》』『おたんこなす』なる大時代的《おおじだいてき》な言葉を聴いたことがありません）。またイザ決裁印なり花押《かおう》なりを頂戴《ちょうだい》しようとすれば、苦労して各決裁権者《けつさいけんじゃ》のスタンプラリーをしてきた起案用紙ごと書類をビリビリに破られたり、それを挟んでいた決裁挟《ばさ》みを投擲《とうてき》されたりもします（机の上の物も）。

他には、そのような直接攻撃型でなくとも――とにかく常に睨《にら》まれ（現実に睨みつけられ）、「何だお前は」「何だこの紙は」「何だその態度は」「それでいいと思ってるのか……？」「そんなことも知らんのか……？」等々と無駄にゴルゴ的に凄《すご》まれることもあります。

はたまた、矢鱈《やたら》ハイテンションな電話が架かってきて「もう御案内のとおりだけど、さ‼」「このままでは君の職業人生にも影響するから、さ‼」「ううん言い訳はいらないから、後は実績だけだから、さ‼」「じゃあ頑張ってよ、ね‼」等々と明朗《めいろう》すぎて恐くなる威迫《いはく》を受けることもあります。重ねて、〈猛獣〉のタイプは多種多様です。

といって、どのような基準なのか愚昧な第三者には全く解らないのですが、何らかの経緯で『見込まれる』『好かれる』と、どちらかと言えば優しく取り扱ってくれる場合も多いので、例えば「ああA君を呼んで」「これA君でないと解らないから」とまで評価されるに至ると、当該《とうがい》Aさんは周囲の警察キャリアから〈猛獣使い〉の名誉職を与えられ、〈猛獣〉とのコミュニケーションのほとんどを（幸か不幸か）委ねられます。

(2) パワハラー

〈猛獣〉と必ずしも排他的な概念ではありませんが、〈猛獣〉が本能的で／天才肌で／個人的には悪意がないのに対して、確定的に一定の悪意・故意を持って、要は『イジメ』『イビリ』をする点に、〈パワハラー〉の〈パワハラー〉たる特徴があります。

必殺技としては、『入室禁止』『決裁しない』『お気に入りの子の書類しか決裁しない』『理由を告げず書類を突っ返す』『何度も何度も〈てにをは〉を直させる』『超過勤務手当の査定をミニマムにする』『いわゆる〈雑務〉を全て押し付ける』『大部屋で衆人環視のなか辱《はずかし》める』『何もなくとも怒鳴る／罵倒《ばとう》する』『公務員宿舎の割り当てを遠隔地にする』『3時間コースで説教をする』『出張からの自宅直帰を許さない』『出張に出さない＝警察庁庁舎から出さない』『時差からして必ず午前様《ごぜんさま》になる海外との折衝《せっしょう》を全部丸投げする』等々、無数のテクニックがありますし、これからも放っておけば生まれましょう。

果ては「寄るな鬱陶《うっとう》しい!!」「何様のつもりだ!!」「何で挨拶がないんだ」「お前が俺の決裁を飛ばすんなら俺も二度とハンコ押さないからな（注・『俺』が出張中の事案）」「お前のその小役人然《ぜん》としたツラが気に食わん!!」「常識を疑われますよ……？」「Aさんには本当、期待していたんですけどねえ……」「そんなに超過勤務をなさって、いったいどんな壮大なるお仕事に励《はげ》んでおられるんですか？」「聡明《そうめい》な同期のエース、Aさんなら、私が指摘する程度のことはとっくに御案内でしょうけれど……」「もっと私に遠慮なく、本来の御活躍をされて大丈夫なんですよ？」等々と、あからさまな人格攻撃を加えてきます。

実に残念ながら、警察文化として『強きに弱く、弱きに強い』なる現象・傾向があるのは実体験からして否定できないところで……憎まれっ子世《よ》にはばかる、の言《げん》どおり、常識人が職業人生を懸けた余程《よほど》の決意と団結力を準備し終えるまでは抵抗できないのをよいことに、警察庁でも都道府県警察でも死屍累々《ししるいるい》の犠牲を生み出しつつ平然とのさばっていますし、〈パワハラー〉本人は大抵、無事職業人生を全うします。

(3) 法律のセンセイ

〈法改正〉の生《い》き字引《じびき》です（無論、新規立法も）。警察庁でいうと、道交法・風営法・暴対法といったカンバン法律のしかも重要な改正を主導した経験を持ち、文書審査担当課において〈課長補佐〉〈企画官〉等をこなし、あるいは鬼の内閣法制局に〈参事官〉等として出向する、自他ともに認める法制官僚です。「あっ、あの改正はAさんのだよね」「この改正もAさんのだよね」等々と、警察庁内に長く名が轟《とどろ》きます。

そんな法律のセンセイは、霞が関伝統芸能としての『特殊極まる人工言語』の語彙《ごい》と文法と発音と書式とを完璧に習得、いえ駆使できますので（マニアック過ぎるので解説は避けますが、「改《カイ》めるだけで解る」「新旧《シンキュウ》がいらない」という、この伝統芸能では最上級の讃辞《さんじ》を受けます）、こと法令を実際に書き起こすとなれば、裁判官・検察官・弁護士・学者先生に圧倒差で優位します。というかそもそも、法務省の局付《きょくづき》検事等を除き、法曹《ほうそう》には現代行政立法を書き起こす能力がありません（何の侮辱でも嫌味でもありません。それは霞が関の伝統芸能、特殊極まる人工言語だからです。要は特定のマニアしか知りません）。

よって法律のセンセイは、我が国で最も法令を書き起こす術《じゅつ》・道《どう》にたけた『名人』です。そしてカンバン法律の〈法改正〉が警察庁の御霊《ミタマ》である以上、法律のセンセイは警察庁で食うに困ることがありません。引く手数多《あまた》です。ただ超絶的なプロフェッショナル職人ゆえ、例えば〈課長〉〈局審《キョクシン》〉になってもなお、課長補佐時代あるいは見習い時代よろしく何でも自分でやってしまおうとする方もおり、それがおもしろくも困ったところでしょうか（例えば、御異動になると独占されていた関係資料の行方《ゆくえ》が分からなくなり困る）。

無論、警察庁本庁で引く手数多《あまた》ゆえ、都道府県警察に出る機会・期間がその分少なくなり、出るとしてもお隣の、警視庁A型庁舎内勤務が多くなります。本人がそれを喜ぶかどうかは別論、芸は身を助《たす》く、の典型例です（かなりハードなお稽古事《けいこごと》ですが……）。

(4) 現場指揮官

階級によっては『現場司令官』でしょうが、ともかく警察の〈本来業務〉、具体的には事件検挙、行政処分、行政規制、警備実施、情報活動、あるいは現場警察官のための諸施《しょせ》策《さく》が大好きな生物です。ただ、警察キャリアで「現場が嫌い……」と言うタイプはまずいませんので、要は、警察庁における法制官僚ではなく都道府県警察における現場指揮官でありたい、その機会と期間を多く得たい――と考えるタイプです。すなわち、法律のセンセイの対極に存在します。

ここで、『警察においては人事に関する希望などまず通らない』という話を第1章でしましたが、それは法制派／現場派の傾向選択においても妥当します。よって、「俺は現場大好き人間だからずっと現場にいたい‼」との希望を持っていたとして、それは、それ自体のみでは、爾後《じご》の警察キャリアとしての人生に何らの影響を与えません。

よって、ある警察キャリアAさんが現場派としての警察人生を歩むとすれば――それは大抵、警視時代＝都道府県警察の課長時代に「アッ、あの難しい／あの大規模な事件をやったのか‼」との名声が轟《とどろ》くような事件検挙を実現したか、「アッ、あのジャンルの事件を立て続けに3件もやったのか‼」との名声が轟くような実績向上を実現したからです（ここでは『事件検挙』を採り上げましたが、事情は行政処分・行政規制・警備実施・情報収集等々でも変わりません）。要は、若くして既に、現場警察官でさえ／各都道府県警察でさえ「そんなことできるの？」「嘘でしょ？」と吃驚《びっくり》するようなオペレーションで実《じつ》を挙《あ》げる。現実に、現場指揮官としての指揮能力をエビデンスで示す。それが現場派の道を歩む前提条件というか、諸々《もろもろ》の現場派の方々の警察人生を見たときの共通項です。

　ここで読者の方は当然、「キャリアのしかも若手警視が現場指揮能力など発揮できるのか？」という御疑問を抱かれるでしょうが、しかし……例えば事件検挙、特にじっくり内《ない》偵《てい》しじっくり段取りして、徹底的に詰めてからイザ着手する『内偵モノ』の事件検挙は（例えば贈収賄《ぞうしゅうわい》、談合《だんごう》等の知能犯）、現場経験もさることながら、何と言いますか、我慢とセンスと胆力《たんりょく》、それも指揮官のそれに左右されるところ極めて大で、だからこそ私自身も先述のとおり「指揮官に難しいもヘチマもない‼」「そんな覚悟で事件ができると思っているのか‼」等とキツく気合いを入れられた経験を持ちます。これすなわち、「俺ならできる／俺はこうしたい／俺はこう決めた」という指揮官の我慢・センス・胆力如何《いかん》と、

「この人ならできる／この人とこうしたい／我々はこう決めた」という課員の我慢・センス・胆力如何《いかん》で、事件検挙は大いに現実的にもなれば絶望的にもなります。これは精神論ではなく統計学です。よって法制の天才がいるように、事件検挙等の天才もおり、更には『事件センスはキャリア／ノンキャリアの別とはほぼ無関係』となります。

ただ既述《きじゆつ》のとおり、特に令和の御代《みよ》においては社会の変化が加速の度を強めており、よって警察事象も複雑化しています。となると、それに対処するための〈法改正〉が超絶的に複雑精緻《せいち》となり、したがって法制派が活躍する場面が必然的に多くなります。というか、そもそも総合職（旧I種）はゼネラリストですから、法制か現場か、ではなく、法制も現場も、であることを求められます。そのような事情から、私が駆け出しの頃は、刑事部門にしろ警備部門にしろ、『キャリアのスペシャリスト』『キャリアの現場派』が、その道の神様的に君臨していたのを目《ま》の当《あ》たりにしましたが、平成の約30年を通じ、徐々にそのような『特定部門の神様的スペシャリスト』は姿を消しているように思えます。それは必ずしも現場派・現場指揮官型の消滅を意味しませんが、しかし『どちらかといえば現場派』『どちらかといえば現場指揮官』といった、ゼネラリストとしての穏当なスタイルへの変質があるように思えます。それは無論、そのような人事政策によるのでしょう。

(5) 天才

ヤバいです。幸運にも、私が警察人生で最初にお仕えした〈理事官〉がこの典型例です。谷川《たにがわ》名人、羽生《はぶ》名人、藤井《ふじい》竜王といった感じ。決して威圧感ではない、でも一種独特の尋常《じんじょう》ならざるオーラがあります。目立つ外見的特徴はなく、街を歩けば普通の人……いえ寝癖とかくせ毛とか独特な歩き方とか、微妙な容貌《ようぼう》・挙動《きょどう》の変調はありますが、まあ普通の人。しかし警察庁内では知らぬ者なき異能者です。〈法律のセンセイ〉と属性的に親和性がありますが、法令仕事に限らず、およそ警察庁の仕事であれば苦手科目はありません。

何がヤバいかと言って、もう頭の回転速度がヤバい。『一を聞いて十を知る』という言葉がありますが、そしてこちらもそういう方《かた》のハンコを頂戴しようとするときは能《あた》う限《かぎ》り『十』まで手持ち札を準備して臨《のぞ》みますが、しかし、イメージで言えばこちらが「いち」の「い」を発声したその刹那《せつな》、既に『十』を、いえ『百』『千』『億』を読み切っています。一分将棋《いっぷんしょうぎ》どころか数秒将棋、かつ読み筋は膨大《ぼうだい》で無矛盾《むむじゅん》。「い……」「ハイ解りました。ハンコポン」「い……」「それは無理筋、解ってる癖《くせ》に」「い……」「それX県警察がやってたよ」「い……」「数字が一桁《ひとけた》違ってます」「い……」「課長がいいって言ったらね」「い

企課と交通規制課に焚《た》きつけられましたな？」「い……」「それは古野君と総務課のQ君が大喧嘩《おおげんか》したからでしょ？」みたいな感じで、会話にならないのです。曲がりなりにも警察キャリア同士で、です。しかも、内容のキャッチボールは正確無比に成立しているのです。まして、素知《そし》らぬ顔で、〈見習い〉の人間関係なんて下らぬものに至るまで——重要なものなら尚更《なおさら》——庁内情勢に精通し、情報収集に怠《おこた》りがない（というか、あちこちをひょこひょこ歩いて片言隻句《へんげんせきく》を漏《も》れ聴くだけで、『十』を知り庁内情勢が分かる）。加えて、最小の文節数で最大の意味内容を表現する癖《へき》があるため、会話すらさせてもらえないこちらの頭の回転がとても追い着かず、「ちょ、ちょっとお時間を頂戴して……」と懸命にメモを取るのですが——そのときの『古野君も早くおバカさんから見習いに昇進してね……』といった、何の悪意も嫌味も意地悪もない慈愛《じあい》に満ちた瞳が忘れられません。それはそうです。この人にとっては、他のほぼ全てのヒトが『可哀想な人』なのです……

筋読みが完璧なので、庁内のどこを押せばどうなるか、いえ他官庁・審査官庁のどこを押せばどうなるか、熟知しています。すなわち段取りの天才でもあります。はたまた、課長・審議官・局長等々をどう押せばどうなるのか、個々のキャラクターも熟知しています。すなわち自分自身、ハンコゲット・同意ゲットの天才でもあります。こうした特性から、撤退の判断も早ければ、ぶっちゃけ逃げ足の速さも抜群です。例えば――「オイB理事官」「ハイA課長?・」「何だこの摩訶不思議《まかふしぎ》なペーパーは。こういう下品な縄張り争いをしてはいけない。当課の品位にかかわる。見習いの将来にもよくない」「あらっ。これはまた。おかしいですなあ。古野君にはこうした若気《わかげ》の至《いた》りを慎《つつし》むよう、昨日の決裁で言い聴かせておいたのですが――ねえ古野君? でしょっ?・」「はい理事官もちろんです、申し訳ございませんでした(全然聴いてないし!! 昨日は理事官だってノリノリだった癖《くせ》に!!何ならもっと挑発しろって煽《あお》った癖《くせ》に!!)」みたいな実例には事欠《ことか》きません。ただ、ホンモノの天才ならではの、ある種の天真爛漫《てんしんらんまん》さと人懐《ひとなつ》っこさと愛嬌《あいきょう》があるため、全く憎めませんし、位負《くらいま》けしているから憎む資格もないと解ります。とりわけ上司上官に対して毒舌《ぜつ》な生物ですが(下には幾許《いくばく》か甘い親分肌)、ホンモノの天才ならではの諧謔《かいぎゃく》と魅力があり、「何もそこまで言わんでも……」と思いつつ、一緒になって苦笑してしまいます。

なお、実は右の例のA課長も、またタイプの異なる庁内随一《ずいいち》の天才タイプでして、よって私は最初の警察庁配置が決まったとき――自分自身は戦慄《せんりつ》しましたが――各方面からは「よかったね」「警察庁最強の布陣を学べるよ」とのお声を頂戴しました(それがまさか、幾星霜《いくせいそう》を経て本格ミステリ作家なんぞになるとは……申し訳ありません……）。

なお余談ですが、天才は『大学への数学』を——暇潰《ひまつぶ》しに——読んでいることもあれば、それが『スピリッツ』『ムー』である可能性もあります。また例えば、練炭自殺の多発を受け、局長に「どんな化学変化で何が起こるんだ？」と問われるや、しゅるしゅるとA４ヨコで記号だらけの化学式を書いてしまったりします。

(6) 人事官僚

大抵が人事課で〈見習い〉をし、人事課で〈課長補佐〉をし、人事課で〈理事官〉〈企画官〉をし……というルートを歩む生物。警察官としての＝現業《げんぎよう》の分野の経験は各人各様《かくじんかくよう》ながら、必ず定期的に人事課へ帰ってくるという意味で、今時めずらしい『スペシャリスト』型の生物です。

これは実態論と観察からして、入庁・拝命《ハイメイ》の時点でそう定められそう選ばれたと言わざるを得ません。そして人事課というのは、どの組織／どの部分社会でも枢要《すうよう》なセクションゆえ（特に警察の場合、財産はヒトだけですし）、これがエリートコースだろうと言われれば、成程《なるほど》そうなのかなとも思いますが……しかし微妙に言《い》い澱《よど》むのは、これも実態論と観察からして、必ずしも『人事課にエリートを集めている』わけではないと思われるからです。言い換えれば、『人事課はエリートを集めているわけではなく、人事官僚としての適性いや個性ある者を集めている』と思われるからです。無論、あからさまに残念な子が人事課にゆくことはありませんが、思うに、登用基準は優秀さ・鋭利さではありません。

なら、どのような警察キャリアが人事官僚の道を歩むか。

一言で言えば、紳士です。人格者です。人徳者です。独特の人格的なまろみがあり、独特の人格的な引力があり、独特の人格的な品位があるタイプです（実際の容姿《ようし》顔貌《がんぼう》はどうでもよいです）。私の同期にも人事官僚はいますし（大抵各期にいます）、私なんぞ作家の道を歩むなる狂気を示したものですから、有難《ありがた》いことに採用時の人事課課長補佐にも見習い時に仕事を御一緒《ごいっしょ》した人事課課長補佐にも——今は当然もっとお偉くなっていますが——慰留《いりゅう》の御説得をして頂きましたので、ひときわ御心配をお掛けした分、人事官僚各位についての記憶には、自営業となって久しい今でも、忘れ難《がた》いものがあります。

ゆえに、更にその特徴を経験的に挙げれば、そうですね……仕事上の問題であれ私生活上の問題であれ、「相談したい」「打ち明けたい」「愚痴《ぐち》を聴いてもらいたい」「いや一緒にもっと雑談していたい」と心から思える、そんなタイプの警察キャリアです。実際、私は駆け出しの頃、先の天才型理事官に「また人事課の同期のとこ行ってたの?」「まあ、人事課とお互い行き来があるのはよいことですな」等々としょっちゅう実態把握されるほど、愚痴《ぐち》を零《こぼ》しに行っていました。同期の内でも、秘密や苦衷《くちゅう》や恥が明かせる——信頼できる人間だと心から思えたからです。そして実は、私がそのような人生相談をしたのは、当該《とうがい》同期だけに限られませんでした。期の近い人事官僚には、警察庁でも都道府県警察でも迷惑なほど甘え、ああでもないこうでもないと胸の内を聴いてもらいました。

換言《かんげん》すれば、誰もが一癖《ひとくせ》も二癖《ふたくせ》もある警察キャリアにさえそう思わせる、そうしたミステリアスなまでの懐《ふところ》の深さが人事官僚の大きな特徴です。そしてそうした個性は、後天的に磨き上げることはできません。多分に先天的なものです。これが右で、『人事課はエリートを集めているわけではない』旨《むね》を述べた所以《ゆえん》です。

また先に『紳士』と述べましたが、切った貼《は》ったの警察においてそのマイルドさ/エレガントさ/スタイリッシュさは、正直、異様で例外的です。すなわち〈猛獣〉〈パワハラー〉の対極型です。「どこに出しても恥ずかしくない」「誰に見られても恥ずかしくない」という意味で確かにエリートです（そういう意味で、猛獣・パワハラーは当然ながら、時に天才も「当庁代表として世に示すのはちょっと……」と思えてしまう奇抜《きばつ》さを持ちます）。

……古巣について身贔屓《みびいき》・身内褒《ぼ》めばかりしている感もあるので、欠点あるいは暗黒面も併《あわ》せ述べれば、人事官僚はどこまで行っても人事官僚ですから、評価する側・査定する側・動かす側です。そしてそこには私情も人情もありません。むしろ冷酷・残酷になる義務があります。その意味で、人事官僚はただ温和で優しい親切なお兄ちゃんお姉ちゃんではありません。まさかです。すなわちイザとなれば——心からマイルドに、エレガントに、スタイリッシュに——どんな非情な判断もできます。人徳と非情、懐の深さと徹底した距離感。この矛盾を矛盾なく心の内で成立させられる、ほんとうに心からの慈愛を持って人を殺せる（比喩《ひゆ》です）、そうした個性を持つのが人事官僚だと私は感じます。

(7) 子供の頃からエースで4番

いわゆる優等生……とも違いますね、クラスの英雄というか、勉強も1番、運動も1番、友達がたくさんいて教師受けも（ややヤンチャながら）よい。そういう子は必ずいますが、それがそのまま挫折《ざせつ》なくして警察キャリアになった、そういう生物です。あるいは、有名な中高一貫校出身型と親和性があるかも知れません。

警察キャリアになった後は、一言《ひとこと》でいえば〈陽キャ〉です。ここで私は、「俺は子供の頃からエースで4番で……」との台詞《セリフ》を、リアルな世界の実体験として聴いたことがある稀有《けう》な人間かも知れません。すなわちこのタイプの生物は、自分でそんな言葉を自然に発してしまう自信のある、自己肯定感と自己効力感に充《み》ち満ちた生物です。煙草はやりませんが酒豪《しゅごう》、カラオケでは独擅場《どくせんじょう》、キャバクラでも人気者（伝聞です）、テニス・ゴルフ・サッカー何でも来い、ピアノもギターも弾ける……そんな生来の自信と楽観力から、とても馬力がありますし諦めませんし、自分が挫折するとは思っていません。B型が多い気も。

そんな性格から、〈法令〉〈予算〉〈定員〉〈組織〉〈本来業務〉といった御霊《ミタマ》でも『クラスで1番』ぶりを示し、波に乗って、『同期同時期一斉昇任』のハンドルの遊びを（階級は一斉に変わるが、上位の『職』に就《つ》く具体的タイミングはポストポストでズレる）活用するかたちで、例えば『理事官同期一番乗り』『府令職《フレイシヨク》同期一番乗り』の栄誉をゲットします（微妙な時間差の問題ではありますが）。実際、重要課題の激戦区／最前線に投入され、実績を挙げるので上司上官の受けもよいです。非凡なアイデアマンでもあります。

もし欠点があるとすれば……良い意味でも悪い意味でも人情家ゆえ、右に述べた〈人事官僚〉の対極に位置することです。すなわち冷酷・残酷・非情にはなれないことです。心の闇、人生の闇がなさすぎるからです。イメージとしては、〈陰キャ〉の陰謀や悪辣《あくらつ》さが解らないのです。そんなものどうとでもなるものさという自信も災いします。結果、問題ある上司・同僚・部下・関係者との距離感がおかしくなるリスク、だんだん公私の別がおかしくなるリスク、あるいは『嵌《は》められる』『刺される』リスクも生じます。念《ねん》の為《ため》ですが、このタイプの人自身はいい〈陽キャ〉なのです。悪意も底意《そこい》もまず持ちません。正直で快活で開けっぴろげで親切です。しかしながら、霞が関でも警察庁でも出る杭は打たれますし、まして杭自身が「俺は出た」「俺は出た」と（悪意なくとも）呼号《こごう》するとあらば……『官僚の仕事に名前はない』『官庁の仕事に個人プレイはない』『どのような伝説の持ち主でも忘れ去られるのが美徳』『死して屍《しかばね》拾う者なし』というのも事実ですから（天下国家あっての官僚、国家百年のための官僚ゆえ、匿名性《とくめいせい》こそ自負の表れです）、思わぬベアトラップやブービートラップを仕掛けられるやも知れません。よって意外ながら、30年〜35年単位で見れば、出世の道は凡庸《ぼんよう》な人間より荊《いばら》が多くなるのでは、と見受けます。

ちなみに私の親族がこのタイプのある警察キャリアと遭遇したとき、心中《しんちゅう》で「サーファー？」「あそびにん？」「DJ？」等と思ったとか。

(8) 女性

物憶えの悪い私ですが、我が国警察が史上初めて女性を警察キャリアとして採用したのが『平成元年』であることは記憶しています。実に象徴的な切りのよさですから。人数は1名。まさにパイオニアです。そして今現在＝令和4年は、平成に換算すれば平成34年。これまた好都合にも、先述の勤続年数約35年とほぼ等しい。換言《かんげん》すれば、警察庁最初のキャリア女性警察官は、もう既に最終形態＝警視監＝指定職《シテイショク》＝役員となっている、ということになります（事実、既に〈局審《キヨクシン》〉＝警察庁最初の女性審議官を経験しておられます）。

私自身、平成一桁《ひとけた》採用組ゆえ、以降の傾向も――平成元年ほど明確ではないですが――それなりに憶えています。すなわち、女性の採用がない期もありましたが、同期のうち1名・2名は女性だというのが当然の文化になり、『先輩・後輩に女性キャリアがいること』『勤務する課に女性キャリアがいること』『庁内で女性キャリアと遭遇すること』等は、平成官僚としての私にとって極《ごく》アタリマエで、実に自然で、何の違和感もない現象でした。

無論、私の同期にも女性がいますし、私が警察人生で2度目に配置された課では先任者が女性でしたし、だから当該《とうがい》女性の先輩から事務引継ぎを受けましたし、はたまた、当該《とうがい》課は局内筆頭課だったところ（局内各課と絡《から》む面倒なロジが激増します……）、局内原課《ゲンカ》に女性の後輩が配置されてきて、「古野さん、決裁ってどうやるんですか⁉」「上司がいないときはどうするんですか⁉」「なんか上司滅茶苦茶《めちゃくちゃ》怒ってますけど、私変なことしてますか⁉」等々と、喫煙場所に駆け込んできては微笑ましい悲鳴を上げていたのを懐かしく思い出します（ちょうど〈猛獣〉の指揮下に入ってしまった子で、傍目《はため》にも大童《おおわらわ》でした）。

それが平成も熟した頃になると、いよいよ一期／同期に女性が『4名・5名』なる、私の肌感覚としては驚異的な数字を叩き出しています。特に近時、警察は、本庁地方を問わず女性警察官の採用に極めて積極的になっていますが（女性警察官の採用比率／定員比率を例えば10％以上にするとか20％以上にするとか、そんな数値目標まで定めて公表しています）、ここで先述のとおり、私が教え込まれた総合職（国Ⅰ）の一期の適正数は13名。実態論としては約15～20名あたり。そのうち4名・5名が女性となれば、それはもう一大勢力である以上に、勢力として意識する必要すらない前提にして自然現象と言えましょう。ある警察キャリアが『女性である』というのは、既に『愛知県出身である』『剣道経験者である』といった属性と全く変わらない、正直「ふーんそうなの」で終わる属性だと、そう肌感覚で感じていましたし今もそうだと思います。

さて、既に所与《しょよ》の前提である女性警察キャリアですが、良くも悪くも、男性警察キャリアと何ら差別されません。女性ゆえ優遇されることも冷遇されることもありません。言い換えれば、女性警察キャリアと男性警察キャリアとで、待遇も職務も文化も環境も何も違いません。男性がガレー船を漕《こ》ぐなら女性も漕ぎますし、男性がA４書類束《たば》のタワーとドッチファイルの城壁に包囲されるなら女性もまた然《しか》りです。飽くまでも仮定・教室設例として言えば、男性が怒鳴られ蹴られ物を投げつけられるなら女性もまたその被害を受けます。無論、男性が都道府県警察の課長・部長・本部長として出るなら女性も出ます。私の肌感覚で言えばまこと極めて平等です。卑近《ひきん》な例を挙げれば、私は柔道の訓練時、女性の同期と組んでいましたが（自然な順番でそう決まったのです……ただ柔道まで男女混合・男女平等にするのは正直如何《いかが》なものかと思いました）、しかし私は同期の茶道委員を務めるなど比較的文化系の人間で、彼女はゴルフ部出身であるなど比較的体育会系の人間だったため、投げ飛ばされ畳《たたみ》を這《は》いずり回るのは大抵、いえ全て私の方でした。

　斯《か》くの如《ごと》く（私思うに徹底的に）平等ゆえ、苦労があるとすれば、『女性として見られない』＝『男性同様の勤務とアウトプットを求められる』ことでしょうか。警察〈官僚〉の生態と激務については第2章で詳論しましたが、繁忙期《はんぼうき》は1日17時間〜18時間を警察庁で暮らしていて何ら不思議はありませんので、まさか武闘派的・武術家的な体力など求められませんが、持久走《じきゅうそう》的・耐久走《たいきゅうそう》的な基礎体力と健康管理が大いに求められます。私の同期のごとく私より馬力と自己管理能力がある女性でない場合、そうした意味での体力錬《れん》成《せい》の必要が生じるかも知れません（就職後、環境により自然に培《つちか》われてはゆきますが）。

――いささか話がキレイ過ぎる、とお思いの読者の方のため、私が「これは差別だ!!」と感じたことも述べると、やや本質的な現象としては、『女性の方が決裁に強い』なるものが挙げられます。しみじみする話ですが、そして古巣ながら如何《いかが》なものかと思いますが、その……特に御年配の管理職・指定職となると、その……全く一緒の案件について、『男が何度アタックしても門前払い／聴く耳持たず』なのに『女性がアタックしたら一発で通る』、少なくとも『女性の説明に対しては明らかに聴く態度が異なる／詰めが穏やかになる』という、原因を語るのもゲンナリする現象がまま生じました。よく同期と、「Aさんは〈局長キラー〉だからなあ……」「Bさんの〈審議官殺し〉は今日も冴《さ》えてるなあ……」等々と愚痴《ぐち》を零《こぼ》した記憶があります（強調しておきますと、これは無論、当然、徹頭《てっとう》徹尾《てつび》、決裁権者《けっさいけんじゃ》の側の問題です）。あと些末《さまつ》な現象としては、旧警大《ケイダイ》時代、男は廃村の診療所跡《あと》が腐ったような絶望感すらある廃墟的6人部屋だったのに（第1章参照）、女性は別棟の個室しかもシャワー付きでした。柔道仲間の私その他に「大風呂の時間が終わっちゃったらシャワー貸すよ!!」と気さくに言ってくれて嬉しかったですが。

なお、女性の警察キャリアが都道府県警察に出たとき、現場の武断的・体育会系的な文化／意識からして、不当な差別を受けるのでは——とお思いの読者の方もおられましょうが、一般論としては想定し難《がた》いです。そもそも既述《きじゅつ》のとおり、警察キャリアの総数は約500人強。都道府県警察の警察官の総数は約26万人。かなりアバウトな数字ながら、男女問わず、キャリアの警察官は我が国警察官の0・19％。0・19％です。男からして既に〈珍獣〉です。よって都道府県採用の地元警察官だと、『生涯で一度もキャリアの警察官と遭遇しない』——なる現象も全く自然です。ならそんな〈珍獣〉が男だろうと女性だろうと、正直〈珍獣〉の度合いにまるで違いがありません。なら男だろうと女性だろうと、〈珍獣〉としての取扱いに違いが出る道理がありません。まして今現在は、警視庁・大阪府警察といった『雄藩《ゆうはん》』『長兄《ちょうけい》』『代表格』では無論のこと、小規模県に至るまで、ノンキャリアの女性警視＝女性警察署長／女性の警察本部課長がどんどん出現しています。現場はいよいよ、女性所属長《ショゾクチョウ》が当然となるほど『熟して』きました。現場自身がそうしているのですから、不当な女性警察キャリア差別など、一般論としては想定できません。あと社会常識として、勤《つと》め人《にん》が、女性副社長・女性社長を『差別』できるでしょうか？

なお、警察庁女性職員の育児休暇取得率は、例年100%と聴き及んでいます。

警察官僚の評価

ある警察キャリアAさんが、どのような勤務評価・実績評価を受けるのか概観します。まず、どのような組織でもそうでしょうが、職制のラインによる評価を受けます。すなわち下から〈係長-課長補佐-理事官-（府令職）-課長-（審議官）-局長〉なる職制上のラインに従い、Aさんが係長なら課長補佐以上の評定を受け、Aさんが課長補佐なら理事官以上の評定を受け……といったかたちで、役所として極めて一般的・典型的な、オフィシャルな評価を受けます。定期的・季節的に受けます。そしてそれは書面化されます。

ここで、霞が関の仕事は『課』を単位として切り分けられていますから、課の管理職たる『課長』『理事官』、すなわち都道府県警察の相場に無理矢理換算したとき『警察署長』『副署長』となる管理職は、課員の直近上司等として、評価上大きな役割を果たします。

そうした職制上のラインによる、オフィシャルな評価は無論、オフィシャルであるがゆえに、いわば正規の人事記録として保存され、Aさんの異動・出向・昇進の機会等に参照されます（キャリアは『同期同時期一斉昇任』ゆえ、階級の昇任については、人事上の裁量が限定的です）。なお、〈係長／課長補佐〉が〈理事官／課長〉と接触・会話しない日は――出張等の場合を除き――まず想定されませんので（連日連夜とにかくハンコ、とにかく検《ケン》討《トウ》、とにかく御説明の世界）、そうしたオフィシャルな評価をする機会というか、部下をキチンと見定める機会はまさに腐るほどあります。連日連夜、何度も何度も書類や案件の説明をし／説明を受け、『詰め／詰められ』、時に30分も１時間もサシで『真剣勝負』をする関係ですので、勤務の実態も、実績の詳細も、極めて容易に把握できます。そもそもＡさんの『説明能力』『段取り能力』『事前準備能力』等々は、そんな関係を１週間ほど続けていればすぐ分かるでしょう――これらを要するに、決裁過程の各決裁権者《けっさいけんじゃ》が、部下をオフィシャルに評価するのは、霞が関では極めて容易です。

しかしながら……Ａさんの勤務評価・実績評価は、そうしたオフィシャルな態様で／オフィシャルな機会にのみ為《な》されるわけではありません。まさかです。通常の、役所としての決裁過程＝意思決定過程に鑑《かんが》みたラインの評価／定期的な書面による評価は、敢えて言えば『儀式的・再確認的なもの』に過ぎません。というのも既述《きじゅつ》のとおり、警察キャリアの社会は高校の１学年に毛の生えたような規模の噂《うわさ》社会ですし、その生活空間は極めて密ですし、警察庁時間には相対性理論が働くからです（警察庁の1日は実世界の2日）。要は『給湯室の情報交換』的なラベリングが強く機能するからです。Aさんの一挙手一投足《いっきょしゅいっとうそく》は、課内レベルであろうと局内レベルであろうと――あるいは廊下を歩いていようが手洗いに行っていようがエレベータに乗っていようが――必ず誰かに現認《げんにん》され、必ず誰かの評価に晒《さら》されます。約500人強の社会とはそういう社会です（そもそも都道府県警察勤務がありますから、現に警察庁にいる警察キャリアはそれをもっと下回ります……）。Aさんの勤務評価・実績評価など、職制・階級の別を問わず、局内にいる誰もが「動きを見れば」「顔を見れば」「態度を見れば」可能です。それは――極めて即物的《そくぶってき》には――例えば超過勤務手当《てあて》の査定なり期末／勤勉手当の査定なりに影響します。

より具体的には……警察庁本庁内は、「あの頭の可哀想な子、今日もB課長に気合いを入れられてるよ……」（非道《ひど》く侮蔑的《ぶべってき》・差別的な言い方ですが、こういうことを平然と言ってしまうのがデキるとされる警察官僚の悪癖《あくへき》です）「あのノロマな課長補佐、まだ局長の決裁がとれてない……」「あの理事官は昔からC調査官には頭が上がらないもんなあ……」「またD室長の出鱈目《でたらめ》なゴリ押しで実員を強奪されたよ……」「今の課長は絶対に自分で長官室へ行こうとしないよな……」等々の、他人の動き・顔・態度に関する噂話で充ち満ちています。無論、肯定的な噂話もあることはあるのですが（〈天才〉〈神様〉〈名人〉〈猛将〉〈神童〉の偉業など）、ともあれ、そうしたアンオフィシャルな／インフォーマルな勤務評価・実績評価は毎日毎日、時々刻々《じじこくこく》と生産され、共有され、拡大再生産されてゆきます。それはまた既述《きじゅつ》の各同期ネットワークにより拡散・洗練されます。そして無論、定期的な書面評価などより、こうしたインフォーマルな評価こそが決定的です。先に『高校の1学年に毛の生えたような』と言いましたが、学年内の／学級内の人事評価あるいは格付けなど、4月の最初の1週間で終わるでしょう。それ以降、〈陽キャ〉〈陰キャ〉〈ガリ勉〉〈運動部〉〈ギャル〉〈不良〉〈不思議〉等々といったかたちで格付けが固定され、その再評価は、ド派手な逆転イベントが起こらなければまず為《な》されないでしょう。それと同様です。ネガティヴな評価について言えば、ラベリング機能と噂社会が形成するインフォーマルな『武勇伝』（悪い意味で）、『他山の石』『酒席の肴《さかな》』『迷言集』こそ決定的で、定期的なオフィシャルの書面評価は、むしろそれを累積《るいせき》し言語化・要約するに過ぎません。

――以上がいわば平時の勤務評価・実績評価ですが（といって締切が『3時間』だの『48時間』だの『7日』だの、それが平時のタスクゆえ、むしろ『毎日が有事』と言えるのかも知れませんが……）、そうしたものに加え、警察庁ならではの評価視点もあります。警察は危機管理官庁ゆえ、警察庁であると都道府県警察であるとを問わず、大規模テロ、重要特異事件事故、大震災といった突発重大事案《トッパツジュウダイジアン》への対処——有事における非常の／緊急の仕事があります。そこでは尋常《じんじよう》ならぬ胆力、判断力、指揮能力等が問われ、『どれだけ機敏に動けたか』『どれだけ動じず判断できたか』『どれだけ逃げずに立ち向かったか』『どれだけリーダーシップを発揮できたか』等々がこれまた克明《こくめい》に現認《げんにん》され記憶されます。ともに戦う以上当然そうなります。実際、危機に際してこそヒトの本性が出るものですし。

ここで付言《ふげん》すれば、そうした有事対応がより具体的／直接的になる、都道府県警察における警察キャリアの評価は、オフィシャルにはやはりラインによる定型的な文書評価となりますが（上司がノンキャリアの評価は、ノンキャリア警察官の評価を受けます）、やはり決定的なのは、『キャリア相互の評価』です。具体的には〈警察本部長＝社長〉〈警務《ケイム》部長＝副社長〉が他のキャリア警視正／警視に対し——キャリアの先達《せんだつ》・先輩として——行う、実態把握・観察・値踏みによる『インフォーマルな評価』です。例えば都道府県警察勤務だと、副社長にしれっと「あれ？　お前事件で忙しくないのか。まだ着手しないのか。それで俺の所に来れた身分か」と言われたりしますし、社長にしれっと「君の事件ネタの話はゲナゲナばかりだな」（＝それっぽい皮算用《かわざんよう》ばかりだね）、「まさかそんな状態で、警察署長会議で指示をする気はないよな?」と言われたりします。これはインフォーマルな気安さです。相手方《あいてかた》が地元警察官であればそんなことを言うはずもなく、言ったとしたら相手方の突然死すら招きかねません。それは一般の企業等でもそうでしょう。

以上は、『インフォーマルな評価の累積が実質的な勤務評価・実績評価である』旨《むね》の説明ですが、すると要は、それが『出世』を左右するということにもなります。ここで重ねて、警察キャリアは『同期同時期一斉昇任』ゆえ、出世とは『どのような具体的な職に就くか』であり、最終的には『警視監のうち選ばれた者になるか』です。重要な政策課題に対処するポスト、重要なオペレーションを担っているポスト、重要な危機管理を担当するポスト、テコ入れが必要な事務を執《と》っているポスト等々は、社会常識からして当然、出世の登竜門《とうりゅうもん》・試金石《しきんせき》でしょう。同期とは階級が一緒である以上、あとは具体的な職が重要となります。また警視監までは誰もが（本格ミステリ作家になろうなどと思わなければ）昇任しますから、このときの出世とは要は、①警察庁本庁の〈局審《キヨクシン》〉あるいは上位のそれになること、はたまた、②更にNo.3の〈官房長〉、No.2の〈次長〉、そして無論No.1の〈長官〉へ登り詰めることを意味します（東京都の〈警視総監〉も準No.1と言えますが、今は警察庁の話ゆえ深入りしません。また一般的な傾向としては、No.3になれば自動的にNo．2へそしてNo．1へと昇進しますので――例外あり――一般的には、〈官房長〉になることが警察庁本庁における最終的なセレクションとなります）。

それもまた、右のとおりインフォーマルな評価の累積なのですが……しかしながら、では警察キャリアは誰もが『頂点を狙う』かと言うと、いやそうではない、と断言します。私自身はそんなこと、在職中に一度も考えたことがありません。それは凡庸《ぼんよう》なお前だけだろう……とおっしゃるのなら、親密な同期複数と話した結果としても、同じ結論が示せます。

というのも――これは多くの部分社会において一緒だと思いますが――『神に選ばれた者』、ここでは『警察の神に選ばれた者』というのは、大抵、既に入庁時・拝命《ハイメイ》時から器《うつわ》と輝きが違うからです。またもや将棋の例を引けば、〈名人〉〈永世名人〉になる棋士《きし》というのは、アマで見習いの奨励会《しょうれいかい》時代からオーラが違うし、周囲もそれを当然のものとして尊《たっと》ぶと聴きました。警察庁でもまるで一緒です。ともに見習ってきた同期について考えても、あからさまに尊ぶことはしませんが（飽くまで同期です）、しかし私は『特定の3人』のうち誰かが長官・総監になると初幹《ショカン》学生の頃から確信していますし、私の期でなくとも「あの期で長官になるのはAさんかBさんだ」「花のX期は長官候補に事欠かない」

「平成Y年組はD・E・Fさんで決まり、そうでなければ決める側が狂ってる」等々の、衆目《しゅうもく》が一致するかたちでの庁内談義は腐るほど耳にできる『常識』です。

これすなわち、警察キャリア同士でも／警察キャリア自身でも、『自分が神に選ばれていない』ことは解るのです。だから例えば同期とは、一緒にガレー船を漕《こ》いだ戦争当事者ではありますが、ゼロサムゲームで蹴落とすべき戦争当事者ではありません。その意味で、警察キャリアの出世は比較論による優／劣でなく、自分が納得できるかどうかの主観論による合／否です。少なくとも私はそうでしたし、多数派はそうだと体感します。

ちなみに「ならどんな人間が神に選ばれた者なんだ？」との御興味も生じましょうが、それは——お答えになっていないことを承知しつつ言えば——東大・京大出＋総合職（国I）合格＋海外大学修士ゲットの群れが、対局前から『負けました』『投了《とうりょう》です』と言いたくなるような、そんな素敵で恐いひとです。大抵、にこにこしてはいますが。

政治との関係・距離感

節タイトルの『政治』を『議員先生』ととらえるなら、議員先生方《がた》と警察官僚の関係・距離感は、極めて平均的で平凡です。敢えて言えば、悲しいほど平均的で平凡です。少なくとも、平成官僚としての私は、それを上司・同僚・部下と甚《はなは》だ嘆《なげ》いていました。令和の御代《みよ》の現状については全く無知ゆえ、シッタカ話はできませんが……

さて〈法令〉〈予算〉といった、①官僚としての御霊《ミタマ》と、様々な警察事象・新たな政策課題に対処する〈本来業務〉といった、②警察官としての御霊《ミタマ》。それら御本尊《ごほんぞん》を守り、施《せ》策《さく》を打つなどする上で、議員先生方の御理解は絶対に欠かせません。理由は言うまでもありませんが……再論すれば、①の最終的な決定権者は国会（議員先生方）ですし、②についても、例えば「お代替《だいが》わり・オリパラ対策の万全をどう期するか」「高齢者による重大な交通事故をどう予防するか」「鉄道内での無差別通り魔にどう対処するか」「深刻な被害を生む雑居ビル放火にどう対応するか」「特殊詐欺に対してどのような施策《せさく》を講じるか」等々は、国として重要な政策課題ゆえ、やはり議員先生方の御理解が必要不可欠です。

そして既に第2章で御紹介したとおり、警察庁を含むどの中央省庁も、政策目的と施策《せさく》の実現のため（それが例えば〈法改正〉だったりしますが）、いわゆる根回しのための議員先生詣《もう》でを欠かしません。警察庁で言えば、警視監＝役員が腰低く平身低頭で行脚《あんぎや》して回るのも既述《きじゅつ》のとおりです。またそうした出撃型・自発型のみならず、議員先生から資料の求め／レクの求め／ヒアリング・勉強会への出席の求め／意見の求め等々があれば、超《ちょう》出前迅速《でまえじんそく》で万難《ばんなん》を排《はい》しても馳《は》せ参じて御要望にお応えするのが霞が関のシキタリで最重要課題の1つです。嫌味でも揶揄《やゆ》でもなく、霞が関文化においては議員先生方は神様、役人は指定職を含め、まあその、丁稚《でっち》と言えるでしょう……語感がよくありませんが、しかし議員先生方が国権の最高機関を構成する最終的な意思決定権者である以上、また、選挙を通じた民主的正統性を有している以上、役人がその僕《しもべ》たるはある意味当然の現象です。

そうした〈国会対応〉については――そこは危機管理官庁ゆえ――警察庁も優等生的に、ルールとマナーを遵守《じゅんしゅ》して手堅く行います。しかし、なら議員先生方との『関係』『距離感』の現実はどうかというと、様々な御事情から極端に警察をお嫌いな方《かた》を除けば、議員先生方は警察に対し、ほぼ『局外中立』です。悲しいほど平均的で平凡な関係です。端的《たんてき》には、言葉の遣い方は別論、警察には『お味方がいない』『オトモダチがいない』『後《うし》ろ盾《だて》がない』のです。「よし、進んで警察のために一肌脱《ひとはだぬ》いでやろう!!」「警察のために動けば自分のためにも支持基盤のためにもなる!!」という議員先生はいないか、極めて数的に少ないのです。その証拠に、読者の方もここで『警察出身の国会議員』を頭に思い浮かべてみて下さい……1人2人でも挙げられればお詳しい方《ほう》。ましてそれが『現役の方《かた》』かどうか考えてみて下さい……すなわち財務・経産・総務官僚あたりなら「えっ五指《ごし》に満たないの？」と失笑するレベル。ちなみに、議員定数は今現在、衆参合わせて710です。いえ、そもそも読者の方は『警察族』なる族議員のグループ名そのものをお聴きになったことがありますか？　私はありません、今現在に至るまで。

ここで、私が若き日にそんな『政治との関係』『政治との距離感』を痛感した事例を御紹介しましょう。約20年前の昔話です。20世紀も暮れようとする頃、中央省庁等改革——中央省庁ガラガラポンによる大再編が激しく討議され、よって霞が関ムラは最大級の戦国時代を迎えました（終戦は2001年）。往時《おうじ》はまさに国盗《くにと》り合戦《がっせん》、「この機を逃してはあと半世紀いやあと100年、霞が関各省庁の抜本的再編はなされない!!」という野心と危機感の下、全ての省庁がその望む『理想の我が省』の絵図を描き、最終的にそれを決定できる、議員先生方への形振《なりふ》り構わぬお願い行脚《あんぎゃ》・説得行脚《あんぎゃ》を開始しました。来る日も来る日もまた来る日も。最低でも『現状維持』のために（スクラップ・リストラの恐れもありました）、能《あた》うことなら御霊《ミタマ》・御本尊《ごほんぞん》・縄張りの『拡大』のために……そしてそれは、警察庁も例外ではありませんでした。警察庁は、特別司法警察職員を擁《よう》する厚生省の麻取《まとり》部門と、運輸省の海上保安庁への、まあ、侵略戦争を開始したのです（といって私はそれが間違っていたとも悪辣《あくらつ》だったとも思っていません。少なくとも客観的な合理性があったプランだと思っています、今なお。例えば同じ警察機関でありながら、公安委員会制度も持たず、政治家たる厚労大臣・国交大臣の指揮監督をダイレクトに受ける――というのは、生《き》の実力組織の統制上問題があると考えるので）。とまれ私は往時、水上警察担当課にいたものですから（海保さんとは中央レベルでは不倶戴天《ふぐたいてん》の敵でした。もろ競合他社さんなので。令和の御代《みよ》ではまさかそんな莫迦《ばか》なことはないでしょうが……）、競合他社を侵略する現地司令部の一員になりました。それゆえ当時、警察庁が指定職を連日出陣させ、御説明に上がるお許しを得た議員先生に対し、土下座《どげざ》せんばかりの熱情で、何度も何度も何度も『お願い』を繰り返したことを知っています。例えば、「先生、是非《ぜひ》この写真を御覧《ごらん》ください。同じ山の山頂に、同じサイズの無線の鉄塔が2つありますが、実はこっちが警察のもの、こっちが海保さんのもの。つまり全く一緒の機能を持つものを、わざわざ同じ場所に2つ建てているんです。行政改革の観点からして、こんな無駄はないかと切に思うのです」云々《うんぬん》と。そう、お許しを得た議員先生総当たりで。新たにアポが取れたとあらば、〈本来業務〉も何もかも直ちにペンディングで、「オイ110番入電かよ……」「ハイジャックでも起きたのかよ……」と吃驚《びっくり》する勢いで議員会館に駆け付けて。ただ無論、海保が引き剝《は》がされるかも知れない運輸省の死に物狂いの反撃は、それはもう苛烈《かれつ》を極めました。往時は海上保安庁長官とて、運輸キャリアの指定席でしたからそれはそうなります。よって彼我《ひが》はあからさまな戦争状態に突入し、互いに相手の最新プレゼン資料を入手してはその反駁《はんばく》資料・難癖《なんくせ》資料をすぐ作ってすぐ撒《ま》きにゆき……あるいは、『この先生は◎、この先生は△、この先生は?だなあ……』等々と議員先生の感触リストをExcelシートで作っては更新し作っては更新し……そして闘いの趨勢《すうせい》は、理屈と感触では極めて警察庁優勢でした。まず理屈からして、警察の責務と海保さんの責務は海上においてもろカブっていますし（レアな縄張りの完全重複）、だから一本化する方が自然ですし、あと御説明に上がった議員先生御各位《ごかくい》も——これ私記憶していますから証言として言いますが——一様に好感触、少なくとも御反論や徹底拒否の例がありませんでした。ましてや「警察の言い分ももっともだ」「よし解った」「なるほど無駄だ」「同じことをやっているなら統合すべきだ」等とニコニコおっしゃってくださった先生方の、何と、何と多かったことか……

で、結果は警察庁の惨敗です。完敗です。それは歴史が証明しているとおり。

何の理屈も示されぬまま（今でも解りません）、政治判断で、海保も麻取も現状維持。

特に運輸省、今の国交省の完勝・大勝利です。

……さあ、闘い終わって日が暮れて。一将功成《いっしょうこうな》らずして万骨枯《ばんこつか》る。御自身も土下座行《どげざあん》脚《ぎゃ》を幾度となく繰り返した警視監が、私との酒席でおっしゃったことは……「なんかバカみたいだったね、僕ら」「これ、何の祭りだったんだろう」。そして現地司令部の警視以下は一様に、要旨《ようし》「警察の短所が出た」「政治との距離だ」「警察法の規定があるから、警察は厳格な政治的中立性を求められる」「実際、OBも含め、政治運動をしたり票田になったりするのは以《もっ》ての外《ほか》」「なら政治が警察の後ろ盾になどなるはずがない」「けれどそれはいい、正義に適《かな》うから」「でもおかしいのは、厳格な政治的中立性を求められるから政治力がほぼ皆無《かいむ》にもかかわらず、国会対応では他省庁同様の丁稚《でっち》を超《ちょう》出前迅速でやらなければならないことだ」「大臣（国家公安委員会委員長）にだって、他省庁と同様、下にも置かず誠心誠意丁重《ていちょう》にお仕えしている」「要するに、他省庁同様に政治には平身低頭、でも他省庁同様の政治力はまるで発揮できない。警察の政治的中立性とは、政治の一方的な影響だけ受け、こちらからは何の影響も与えられない『縛りプレイ』だ」「警察官である以上、仕方が無いことだが……」と、負け戦を顧《ふりかえ》っては嘆《なげ》き合ったものです。

令和4年の今のことは全然解りませんが、警察と政治との距離など、そんなものでした。

ただこれが、同じ政治でも例えば『官邸との関係』『官邸との距離感』となると、話は著しく異なってきます。それは次節で概観しましょう。

……なお、この往時の『警察の政治力の弱さ』について付言《ふげん》すると。

やはり第1に、警察官には厳格な政治的中立性が――法令上――求められるため、それが性癖《せいへき》・第二の本能となっていて、たとえOBとなっても、また家族親族に関しても、他官庁と異なり、票田や圧力団体になろうとしない事実（現役警察官に迷惑・悪影響を及ぼしたくない……という判断も大きいのでしょう）が指摘されるべきです。法律上、労働組合も結成できませんし。なら政治に無視されて当然ですね。

そして第2に、『所管《ショカン》する業が極めて少ない』事実が指摘されるべきです。ここで、業はすなわち票田・資金源です――①業はその意味で政に強い。他方で政は（極めて古典的なモデルですが）業の要望を受け、法令・予算・制度を官僚に変えさせる――②政はその意味で官に強い。また他方、官は官で、業を規制・振興する権限・裁量を多く有している――③官はその意味で業に強い。これは要は（重ねて古典的なモデルですが）じゃんけんです。①業は政に勝ち、②政は官に勝ち、③官は業に勝つ……そしてこのじゃんけんには、ゲームの見返りがあります。すなわち例えば、③業は官に天下り等の便宜《べんぎ》を図り、②官は政に現代行政の膨大《ぼうだい》な専門的知見・情報を提供し、①政は業が望む政策を実現しようとします。この、昭和の御代《みよ》からの政官業のじゃんけんを『鉄のトライアングル』と呼んだものですが、モデルの基本構造は今も変わらないでしょう。なら警察がこのじゃんけんに参加すらさせてもらえない、蚊帳《かや》の外《そと》なのは自明の理です。何故と言って、業なる三角形の一点を欠けば、それはそもそも三角形にならないからです。業を欠くということは、結局の所、票田も族議員も欠くということです。

官邸との関係・距離感

ここで『官邸』とは当然、内閣総理大臣の牙城《がじょう》であり、またその秘書大臣たる内閣官房長官の牙城です。公民の教科書どおり、前者は当然に、また後者は常識的に、国会議員です。その意味で両者は『政治』に属します。しかし他方で、これも公民の教科書どおり、前者は内閣=行政権の首長で、後者は内閣=行政権の庶務と総合調整をつかさどる大臣です。その意味で両者は『官』にも属します。我が国は議院内閣制を採っているからです。要は、国会における多数派が行政権を形成・行使することとされているからです。

そしてこの、内閣総理大臣・内閣官房長官の、『政治』でもあるが『官』でもあるという二面性のうち、もし『政治』の面を取り上げるなら、警察はその面においてのみ局所的に、政治に近く、政治への影響力が大きいと言えます。ゲリラ豪雨の如《ごと》く特異で局所的です。

ただそれは、右の二面性のうち『官』を取り上げたとき、官たる内閣総理大臣・内閣官房長官を大いに補佐・支援するのが警察だ――という実態論／歴史的慣行の帰結です。

それを裏から言えば、『行政の長としての内閣総理大臣等を強力にサポートし／サポートできる』から、その範囲と限度において、『有力議員たる内閣総理大臣等に近く、一定の影響力がある』ということになります。もっとイメージを優先させれば、警察官僚は内閣スタッフ（官邸官僚？）としての役割を担ってきた／担っているから、当然、官邸とは極めて距離が近く、またその範囲と限度において、極めて特異で局所的な政治力を有する、ということになります（なお当然のことですが念《ねん》の為《ため》申し上げれば、内閣スタッフは警察官たるの身分を持ちませんし、警察官たるの職務執行はできませんし、警察の指揮監督系統を用いて警察官に命令をすることはできません。そもそも内閣だろうが内閣総理大臣だろうが内閣官房長官だろうが内閣スタッフだろうが、警察を指揮監督することは――警察法に規定する緊急事態の布告でもなされないかぎり――絶対的に不可能です、法令上は）。

さて右のように、警察官僚が、歴史的・伝統的に内閣スタッフとしての役割を担ってきたことには、至極《しごく》当然の理由があります。それは世界のどの国においても、世界史のどの時代においても共通する理由です――すなわち、『行政権あるいは行政権の長にとって、情報と危機管理とが常に最重要課題だから』という理由です。

ここで、あらゆる事件・事故・災害に対処する責務を負う警察が、危機管理官庁の最たるものであることに異論は出ないでしょう（あと自衛隊さんが想定できますし、防衛省・自衛隊さんは最重要の危機管理官庁だと私も思いますが、日常的・普遍的・恒常的に市民の生命・身体・財産を保護するという守備範囲は、必ずしもお持ちでないとも思います）。

またここで、令和３年の数字ですが、我が国には１１４９の警察署が、そして１万２４３８の交番・駐在所が置かれています。これすなわち、我が国のどのような地点・箇所であろうと、そこは必ずある特定の警察署の管轄区域となるばかりか、必ずある特定の交番又は駐在所の所管区《しょかんく》となります。言い換えれば、我が国のどのような地点・箇所であろうと、そこに管轄責任・所管区責任を負う警察官は必ず1人以上います。まして交番等の警察官一人一人には、地域の実態を掌握する法令上の義務が課されているのです（市民にとって悪いことではないですよね……？）。このような交番等のネットワークは、少なくとも明治21年（１８８８年）には全国展開されています。戦前において警察事務を所掌《しょしょう》していたのは内務省警保局《けいほ》ですが、戦後の紆余曲折《うよきょくせつ》はあったものの、警察庁はほぼこの内務省警保局を継ぐもの、自負としては内務省嫡流《ちゃくりゅう》として生まれました（嫡流兄弟として、内務省地方《ちほう》局を継いだ旧自治省があります）。何が言いたいかというと、現在の警察庁・警察官僚は、明治時代から連綿《れんめん》と維持発展させてきた〈実態把握ネットワーク〉を享受《きょうじゅ》・駆使できるということです。無論、実態把握される情報の内容は様々です。例えば隣のお婆さんの入れ歯が無くなったことから、江東《こうとう》区の大規模マンションの一室が極左暴力集団の非公然アジトであることまで様々です。しかしながら、誰が言ったか忘れましたが、「有意義な情報の90％以上は公刊情報・公然情報の分析で得られる」とか。お向かいのお家《うち》の犬が棒に当たった事故も、爾後《じご》どのような価値を持つに至るか分かりませんし、そもそもそれを観測できるネットワークが無ければ、発生しなかったも同然です。そうした意味で、警察ほどの〈実態把握ネットワーク〉を有している情報官庁も他には無いでしょう。付言《ふげん》すれば、鶏《にわとり》が先か卵が先かは別として、警察官僚は主要国の大使館その他の在外公館に一等書記官・参事官等として出向することにより（外務省職員となり、外交官となります）、そのネットワークを世界規模で展開してもいます（他国の警察官も、情報交換のカウンターパートには、純血種の外交官よりは、同じ警察官仲間を求めるのが常ですので）。

——斯《か》くの如《ごと》くに、危機管理と情報は警察の御霊《ミタマ》にして御家芸《おいえげい》です。

そして再論すれば、行政権の長にとって常に最重要課題となるのは、危機管理と情報です。

とすれば、行政権の長＝内閣総理大臣と、危機管理・情報官庁＝警察庁とが一定の緊密な関係に入らない方が変ですし、それは時の近遠・洋の東西を問わず不易《ふえき》の現象です。令和4年の日本国に限った話でも、例えば安倍《あべ》内閣以降に限った話でもありません。為政者《いせいしゃ》と危機管理官庁、為政者と情報官庁というのは世界史的にそういうものです。もしこれに問題があるとすれば、例えば両者の『一定の緊密な関係』が、国益・公益・市民の利益に反するものへと爛《ただ》れてゆくときでしょうが……そんなハイソな物語は、中途退官をして市《し》井《せい》の小説家をやっている私には実態論がまるで分からないので、小説にすら書けませんし書けるとも思いません。ましてノンフィクションたる本書では、シッタカ話を慎《つつし》むこととしています。そうしたことは、玄人《くろうと》ジャーナリストさんの領分《りょうぶん》だと遠慮しています。

というわけで、シッタカ話でなく、誰でも知っている話のまとめから入りましょう。

実際に、警察官僚がどのような内閣スタッフとなっているか、というと——

現役の警察官僚について言えば、〈内閣総理大臣秘書官〉〈内閣官房長官秘書官事務取《ジムトリ》扱《アツカイ》〉には必ず、指定席として出向しています（本書のような概説書としては、事務取扱《ジムトリアツカイ》は無視して大丈夫です）。無論、警察がそれら秘書官を独占しているわけではなく、例えば本書を著している令和4年の1月1日現在だと、財務省・経産省・外務省・防衛省とともに〈内閣総理大臣秘書官〉を出しています。そして無論、内閣スタッフとなりますので警察官の階級・職制からは外れますが、その実態は既に警視監、本庁役員クラスです。時には〈内閣官房長官秘書官事務取扱〉からそのまま〈内閣総理大臣秘書官〉に横すべり……上すべり（？）異動をすることもあるなど、何と言いましょうか、『一定の緊密な関係』は常に強く機能しています。それは例えば政権交代によっても変わらず、現在の警察庁長官が民主党政権時（仙谷《せんごく》官房長官）から自民党政権時（菅《すが》官房長官）に至るまでずっと秘書官の職にあったのは著名な話でしょう。それもそうです。行政権の長あるいはその秘書大臣と、危機管理・情報官庁とが『一定の緊密な関係』に入りまた入るべきは、時の近遠・洋の東西を問わず不易《ふえき》の現象ですし、それは与党がいずれの政党であろうと当然の現象だからです（例えば第二次世界大戦におけるパリ解放の際、ド＝ゴール派とフランス共産党が、いずれも我先《われさき》にパリ警視庁を〝国家警察を確保しようとしたのは有名な話ですし、かのナポレオン帝国を支えたのは軍事力に増して、ナポレオンの警察大臣を幾度も務めたジョゼフ＝フーシェの情報収集能力でした。日本警察の祖《そ》・事実上の初代警視総監川路利良《かわじとしよし》がこのフーシェに私淑《ししゅく》し、フーシェ流の警察制度を範《はん》としたのもまた有名な話です）。

あと更なる高級官僚としては、〈内閣官房副長官〉〈内閣危機管理監〉〈内閣情報官〉といったあたりが近時の指定席です（つい先日までは〈国家安全保障局長〉も警察ポストでした）。ここで『更なる高級官僚』なる僭越《せんえつ》な言葉を遣ったのは、実はこのあたりの超々上級内閣スタッフともなると、現役の警察官僚というよりも、警察官僚としては（警察庁の指定職《シテイシヨク》＝役員としては）功成《こうな》り名《な》を遂《と》げた方々、警察官僚としては退官をした方々が、特別職《トクベツシヨク》なるスペシャルな職に、天下りならぬ上位転生をするというのが実態だからです（なお警察庁長官／警視総監退官後から上位転生することもあれば、審議官級退官後に上位転生することもあります。そのあたりの殿上人《てんじょうびと》の差異は僅差《きんさ》ですから……）。具体的には、警察庁の役員＝指定職《シテイシヨク》の筆頭・序列第1位はむろん〈警察庁長官〉ですが、右の〈内閣官房副長官〉なら副大臣級、〈内閣危機管理監〉なら政務官級、〈内閣情報官〉なら大臣補佐官級となり（なお〈国家安全保障局長〉も政務官級）、そして副大臣級ならば――シンプルに俸給《ほうきゅう》で比較するなら――警察庁長官より2ランク上、政務官級ならば1ランク上、大臣補佐官級でようやく同格、となります。警察庁長官がそもそも各省庁の事務次官――各省庁役人の頂点——と全く同格ゆえ、右の超々上級内閣スタッフは役人の頂点すら超越した、キャリア官僚の最終形態ととらえることができます（実際、例えば〈内閣官房副長官〉はまさに各省庁の事務次官を束《たば》ねる事務次官の最終形態で、天皇の認証官《ニンショウカン》でもあります）。

内閣危機管理監なり内閣情報官なり、まさに警察の御霊《ミタマ》でもあり国家の御霊《ミタマ》でもあるものを統理《とうり》・掌理《しょうり》する職にあっては、今後とも——余程《よほど》の『政変』がない限り——警察ポストで在り続ける可能性が高いでしょうが、他方、全省庁のとりまとめ役たる内閣官房副長官や、外務・防衛とも密接な関係を有さなければならない国家安全保障局長にあっては、時の政治判断で、比較的容易に、他省庁ポストとなったり襷《たすき》掛《が》け人事が行われたりする可能性があり得ます。例えば内閣官房副長官は、私の若き日は『警察以外の旧内務系（旧自治、旧厚生、旧建設）＋大蔵』の持ち回りで1年〜2年をお務めになる、というイメージでした（要は警察ポストとは認識していませんでした）。しかしながら、令和3年の年末の時点においては、それが警察ポストで在り続けること実に9年。そして新内閣の発足を受けても特段の『政変』なく、いよいよ10年目に突入しており、こうなると当該《とうがい》9年なり10年なりがイレギュラー過ぎて、未来予想をするのは困難です。

なお、右の〈内閣情報官〉の下にあるいわゆる内調《ないちょう》、フィクションでもノンフィクションでも様々に取《と》り沙汰《ざた》される内閣情報調査室ですが、これは法令に規定されているとおり（内閣法）、まあ職務として正々堂々と『内閣の重要政策に関する情報の収集調査に関する事務』を担当している内閣の組織で、その性質上、当然ながら警察と密接な関係にあります。というか、キャリア・ノンキャリアを問わず、またその職位・階級の上下を問わず、警察からの出向が最も多い組織の1つではないでしょうか（全省庁についてデータを持っていないので、確たることは言えませんが）。警察官の出向の頻度《ひんど》もポストも多いので、仮に同期が内調に出向するとして、「ああ、またか」「ほとんどお隣さんだから……」としか思いません。要は日常茶飯事です。そんな内閣情報調査室と警察庁、はたまた、内閣情報調査室と都道府県警察が一般論として緊密な連携を図っているのは、人間関係からしても、必要なノウハウからしても、またそれぞれの所掌《しよしよう》事務からしても至極《しごく》当然で、また法令上ももっともなことでしょう（国家行政組織法。内閣の統轄《とうかつ》と官庁間協力）。このことは、殿上人《てんじようびと》たる特別職《トクベツシヨク》の任用とは別に、いわばボトムアップ的に、キャリア警察官・ノンキャリア警察官を問わず、官邸との距離の近さを感じさせる一因になります。

す。

警察官僚とその不祥事

私もリアルに危なかった、という意味の経験論から、次のような危険・誘惑があります。

第1に、『特別権力関係に逆らえない』というパターン。具体的には、上司上官の命令が重大かつ明白なキズを含み、したがって違法であり、したがってその命令に服従しない義務を負う事態。そもそも公務員は、重大かつ明白なキズのある命令については、命令服従義務を免除されるばかりか、それに服従してはなりません。しかしながら、こと公務員のうち警察キャリアについて言えば、既述《きじゅつ》の職制‐階級‐年次という〈三重の縛り〉が掛かっていますので、命令を受ける側がたとえ警部補であれ警視長であれ、上司上官に抗《こう》命《めい》するのは極めて困難です。職業人生を懸けた余程《よほど》の決意と団結力を準備しなければ、心理的・文化的・本能的に困難です。よって、「こんな莫迦《ばか》げたことをしてしまっては……」「こんな指示だけはスルーせねば……」と頭では解っていても、だからあらゆる手立てを尽くして翻意《ほんい》を求めようとしても、職制‐階級‐年次が下であれば、相手方《あいてかた》が忘れ／気が変わってくれない限り、結局は何の抵抗もできない苦境に陥《おちい》ります。そして大抵、ヤバいものほど露見します。なら連座で懲戒免職《ちょうかいめんしょく》です。

第2に、さかしまに『特別権力関係に酔ってしまった』パターン。違法な命令を発する場合のほか、パワハラ・セクハラ等をし、具体的には部下をイビリ殺すとか（病に陥《おちい》らせその病で定年前に死なせるのは、悲しいかな実例を知っていますし、経験談でなくともよいなら自殺のケースも）、あと部下が望まぬ統計改ざんをさせるとか、部下が望まぬ警察不祥事の揉《も》み消《け》しをさせるとか、部下が望まぬマネーロンダリングに手を染《そ》めさせるとか、特定の部下の『シカト』『ハブり』を部下全員に強いるとか、特定の部下の超過勤務査定を懲《ちょう》罰的《ばってき》にゼロ近似にするとか、下らぬ話なら部下に年賀状の代筆をさせるとか、先の〈パワハラー〉の項で御紹介した各種テクニックを駆使するとか……その主体が例えば都道府県警察の社長・副社長であれば、いえ部長であっても、警察文化としてはなかなか諫《いさ》めることができませんし、平均的な警察文化としては「異動まで耐えれば……」と屈従・隠忍《いんにん》するしかありません。よってますます異常事態は加速します。これについては、解決されるにせよされないにせよ内々で処理されることが多く、『泣く子と地頭《じとう》には勝てぬ』『憎まれっ子世にはばかる』ことになりますが、ヒトの生死に関わることなら無論露見しますし、そうでなくとも地元の都道府県公安委員を怒らせると確実に警察庁が動きます。今にして思えば、私自身、実体験から「いっそバラせば刺せたのにな」と悔やむほど『おかしなひと』は実際、います（任用のミス）。悪行《あくぎょう》が露見すれば無論、懲戒処分で職業的に死にます。

　第3に、異性関係。これは警察キャリアのみならず警察全体の宿痾《しゅくあ》です。体感的には、都道府県本庁よりも遥《はる》かに生命身体の危機が生じ、よって非常な『吊《つ》り橋《ばし》効果』のある、警察において発生する割合が多く思えます（まあ警察キャリアは母数そのものが少ないのですが……）。とまれ、一度は学問的に研究してみたいと思えるほど、警察部内《ブナイ》の不倫は多く――報道には事欠きません――その原因・因果関係は（私としては）不明、よって具体的な対策も思い付けません。なお警察キャリアの場合、現場的な『吊り橋効果』こそありませんが、ただ日々の無制限・無定量《むていりょう》・異様な締切付きの勤務そのものが『有事・危機』といえ、よって、精神的・肉体的な疲労あるいは異常な昂揚《こうよう》の蓄積は、大なり小なり誰にも見られます。そうしたときの、何と言いますか、生物的本能の亢進《こうしん》は、ヒトの脳内の化《ば》学《がく》的現象です。すなわち環境要因は常にあります。ただ警察庁の警察キャリアは、ほぼ警察庁内に住んでいるようなものですから、具体的な出会いの機会は少ない方《ほう》（まさか同期なり同期周辺の期なりで調達するわけにはゆきませんし、そのようなこと考えるだけで違和感が溢《あふ》れます。入庁前から交際していた云々《うんぬん》なら別論、そういう関係ではないです）。そして出会いが少ないなら、異性問題が発症するリスクは小さい方《ほう》。部外《ブガイ》の方《かた》と接する機会が多ければ、それは危機管理が必要でしょうが……ただ正直、今は作家なる自営業を営んでいる私としては、「惚《ほ》れた腫《は》れたの話など、当事者が無問題なら市民としてはどうでもいいです」「超少ないですが私の所得税・地方税・消費税等の分だけ公務に励《はげ》んでいただければそれで……」と思います。ただもし私が今でも警察官なら、180度異なることを言わなければなりません。というのも、異性問題はそれ自体のリスクに加え、所謂《いわゆる》ハニトラ等を引き起こし、よって反社／外国の介入だの、守秘義務違反／違法な公務だのに直結するリスクを生むからです（不相応な借金の問題と類似します）。私は人様の惚《ほ》れた腫《は》れたに興味ないですし、まさかそれを非難できるほど人格者ではないので、この話はこれで。

第4に、金銭問題。贈収賄《ぞうしゅうわい》・横領（犯罪）、違法な贈与・接待（国家公務員倫理法違反）等が想定されますが……しかし身贔屓《みびいき》でも何でもなく、警察官僚は金銭には極めて廉潔《れんけつ》です。それはまあ、取締官庁でもありますから当然の倫理的資質ですが、ただ強制的に廉潔にならざるを得ない事情もあります。というのも、警察庁は中央省庁としては悲しいほど、他省庁が唖然《あぜん》とするほど権益が少ないからです。要は所管する業界が少ないからです。考えてみて下さい。警察の縄張り業界って、いったい何を思い付かれますか？『ぱちんこ』を挙げる方《かた》は多いでしょう。でも私が入庁した頃の30兆円産業が、今は15兆円を割っています。まして個人的なことで恐縮ながら、私自身は警察庁のぱちんこ担当課でも警察大学校のぱちんこ担当部門でも勤務しましたが、ぱちんこで遊技をした経験がありません。人生においていいいいいいいい皆無です。いわゆる就職氷河期世代ゆえ、文化・生活習慣として縁《えん》がありません。これを同期について見るなら、例えば3歳年上となると成程《なるほど》、ぱちんこもまあじゃんも嗜《たしな》みますが……例えば同級生となると、私ほどナイーヴで世間知らずではないにしろ、令和の御代《みよ》でいう『喫煙』ほどの距離感でしかない。すなわち、「へえ、めずらしいね」「わざわざ?」「この御時世《ごじせい》に?」といった程度の距離感です。端的《たんてき》には、ぱちんこにこだわりのある同期など、既に私の時代で全く多数派ではなかった……これ、業を所管する警察官僚にしてからがそうなのです。まして、そのぱちんこ以外の警察の所管業界など、1つも思い浮かばない方《かた》が多いのではないでしょうか? 現実を言えば警備業、質屋営業、古物営業、探偵業、一定の自動車教習所、自動車運転代行業、一定の飲食店営業(深夜酒類《しゅるい》提供飲食店営業/特定遊興《ゆうきょう》飲食店営業)、風俗営業、性風俗関連特殊営業、インターネット異性紹介事業、特定異性接客営業。このあたりが縄張りですが……しかし性風俗関連特殊営業その他の『性を売り物とする営業』は、警察としては所管はしますが無論駆逐《くちく》対象ですし（「存在そのものがいかがわしい」）。なお国としての公的見解）、風俗営業は『打つ、買う』にならないようガッチリ規制する対象ですので（現実に立入検査やガサ入れが多いのは報道のとおり）、例えば「振興を図るからおカネ頂戴!!」「補助金出すから接待してね!!」なんて話にはまさかなりません。まさかです。むしろそれらによる事件の検挙を表彰対象とし、時に都道府県警察が恐がり嫌がるほど発破《はっぱ》を掛けています。ましてや、他の一般的な、本能的欲望をそそるわけではない営業とて一桁《ひとけた》しかない。一桁《ひとけた》……他官庁の官僚なら「えっ指で数えられるの？」と失笑するレベル。また実際、いわゆる天下りの現象はそれはありますが（後述）、でも『警察官僚の接待』だなんてドラマか書籍でしか知りません（うらやましいですね……）。仮に酒席《しゆせき》等があったとして確実に割り勘《わかん》ですし、私は20年弱の勤務を通じ、民間の接待を受けたことなどただの一度もありません。ただの一度もです。あと話の流れで言いますと、官官《かんかん》接待とてありません。無論、都道府県警察に出張したときなど現地で車に乗り現地で御飯を食べますが、既に私が入庁した時点で――また私が都道府県警察勤務に回ったときも――『本庁課長級だろうと何だろうと出迎えなし』『警察本部までの送迎なし（現地公共交通機関利用）』『割り勘だろうと何だろうと酒食の同席なし』『飲食店／宿舎の手配なし』『名所旧跡めぐりなど以《もつ》ての外《ほか》!!』でして、これに違反すると、違反した都道府県警察の側が「今時何を考えとるんだ⁉」と激怒されるばかりか、何と実績評価にまで悪影響が及びます。都道府県警察の側に回ると、「せめてランチを割り勘で……」「せめて新幹線改札でお見送りを……」「参事官に地下鉄を使わせては……」等々と思うのですが、先方も処分がありますから、職業人生を懸けて、職務命令として『却下』『拒絶』します。

再就職事情と余生

役員＝指定職《シテイショク》＝警視監以上のうち、特別職《トクベツショク》として上位転生なさる方がいるのは前述しました。再論すれば、内閣官房副長官（副大臣級）／内閣危機管理監（政務官級）／内閣情報官（大臣補佐官級）について述べました。ただ同様の上位転生として、あと外務省の〈特命全権大使〉（ほぼ大臣補佐官級）や、宮内庁の〈宮内庁長官〉（副大臣級）、〈皇嗣職大夫《こうししょくだいぶ》〉（警察庁次長と同格）、〈上皇侍従次長〉（同官房長と同格）の実例があります。敢えて言えば、これらは官から官への天上《あまあ》がり、でしょうか（『天上がり』は普通、民間から官への任用を指す用語ではありますが）。これらの現象については、何せ警察官僚というのは、若き日から役人晩年に至るまで、人質立てこもりだのハイジャックだの大震災だの無差別通り魔だの……誰もが連日連夜、通常の役人なら生涯縁《えん》の無くてすむ危機管理／危機に際しての指揮に人生と命を捧げてきたプロフェッショナルゆえ、有事に強い人材として、適材適所の任用がなされるのは国家にとって有意で有益であると――身贔屓《みびいき》を排しても――思います（なおそうした人材的特性は、以下に述べる天下りについても妥当すると思います）。

他方で無論、世間の御期待どおり、客観的に言って、警察官僚は天下り先にも不自由してはいません。市井《しせい》の一《いち》小説家、一《いち》個人事業主としては、特にコロナ禍に伴う市況《しきょう》の超絶的なシュリンクに鑑《かんが》み、素朴にうらやましいかぎりです（……というのは冗談でして、約35年も血反吐《ちへど》を吐くような危機管理に挺身《ていしん》してきた人々が、その挺身に応じた新たな人生を開拓なさるのは、一般論としては当然のことと納得しています。またうらやましいと言うなら、この永続的出版不況においてなお、編集者御各位《ごかくい》の方《ほう》がよほど『キャリア組』で『うらやましい』ですね……閑話休題《かんわきゅうだい》）。

私がまだ鞄《かばん》持ちの頃は、例えば新しい課長が着任したり／今の課長が栄転したりすると、訪問先リストの作成と公用車の手配をし、課長による先輩ＯＢ諸氏への挨拶回りに随行したものですが（流石《さすが》に今はやっていないでしょう……）、やれＪＲだのＮＴＴだのＪＡＬだのＡＮＡだのＮＥＣだの、御立派な企業の御立派な役員室をギュウ詰め分刻みのスケジュールでぐるぐる回ったものです（大抵長話になり、タイムキーピングが大変でした）。

無論、今《いま》私は退官して警察とは無縁の身ですから、現在の情勢をシッタカで語ることはできませんが、私が知るかぎりの様々な再就職例を挙げるに、今も昔も引っくるめて――JR各社、私鉄各社、高速道路各社、電力・ガス各社、航空会社、メガバンク、信託銀行、保険会社、証券会社、信販会社、広告代理店、商社、自動車会社、電機メーカー、製鋼メーカー、ゼネコン、警備会社関連、自動車教習所関連、遊技業関連、等々等々キリがありません。これら以外に、無論いわゆる公益法人への再就職もあります。

当然、天下りについては国家公務員法等の規制を受けますが、それに反しない限り（取締官庁でもある警察庁がみすみすそれに反する行為をするとは到底思えませんが……そこまで愚かではない、という意味で）、官庁出身者と民間企業等との需給・利害が一致するのなら、私など「人様の老後老境に興味はない」「警察の廉潔《れんけつ》を疑わしめない態様で御活躍なされるのであれば知ったことではない」「そもそも若年からの異様な長時間労働と安月給とが解決されないのが問題だ」と思ってしまいます。一《いち》個人事業主として言えば、お金持ちを引きずり下ろしても私の売上帳に何らの影響もありませんし……ましてバブル崩壊後に「公務員の給料を下げろ!!」と叫ばれた市民は枚挙《まいきょ》に暇《いとま》がありませんが、バブルの折に

「公務員の給料も上げてやれ‼」と申し出てくれた方《かた》がおられるとは私は記憶していません（上司部下同僚とよく語ったものです）。要は、意地悪な言い方をすれば、私を含む民間人は、好景気の際は儲《もう》けを黙っていて、不景気の際は公務員叩きをする癖《へき》がある……傾向もあるのかなあ、と。いや重ねて私もろ民間人なんで、何も公務員をかばい立てする気は微塵《みじん》もないのですが。ただ1日4時間未満睡眠のあの日々を思うと、どのみち長命は望めませんし、ある程度の、なんというか、損失補塡《ほてん》なり生命保険の払戻しなりはあってよいと思うのです。それを民間に無理強いするというのなら論外も論外ですが……

　なんだか取り留めのない『感想』に終始してしまいました。ただそれも道理で、私自身は中途退官者ゆえ、天下りの現状や生々しいリアルなど語りようが無いのです。そもそも、20年弱の現役時代において、例えば同期と退官後の天下りの話など、一度としてしたことがありません。初幹《ショカン》学生の頃から、警大主任教授で退官した日まで、ただの一度もありません。まして、私がもし今なお現役警察官だとして、それでもまだ、第二の人生など思い描くには微妙に早い年齢です（そもそも『定年延長』の議論もあり、公務員制度の先行きそのものが不透明です）。したがいまして、ここでは「天下りにルール違反があれば市民として容赦《ようしゃ》しがたい」「やたらと／幾度も高額の退職金をせしめているのであれば意地汚い」

「ましてそこに税金の投入があれば一言ある」等、市井《しせい》の庶民そのもののコメントを付しつつ（実際庶民そのものですが）、本節の最後に、私の尊敬するある上司のことに触れて本節を締めます。すなわち当該《とうがい》上司は警視監序列第4位まで──総括審議官級──進まれたところ、再就職にまるで興味がなく、恬淡《てんたん》と奥様とともに遠方の御郷里に帰られ、趣味や旧友との交際を楽しむ悠々自適《ゆうゆうじてき》の隠遁《いんとん》生活に入られました。そういう実例もあるため、要は『天下り』というのは個別に／アド・ホックに議論・検討するしかないジャンルなのかなあ、とも思えます（人生トータルで見たとき、誰が結局「勤労に見合ったカネを稼いでいるか？」なんて、神様しか知り得ない総合評価だと思いますし……）。

恋愛・結婚事情

既述《きじゅつ》のとおり、閨閥《けいばつ》結婚がほぼありませんし、まして役所がどうこうしてくれるものではありませんので（当然ですが）、男女ともに、自分自身の調達能力がすべてです。よって経験談としては、入庁前・入庁後を問わず、様々な伝手《つて》によるいわゆる合コンが、結構頻繁《ひんぱん》に開催されていたのを思い出します。参加する同期と参加しない同期が、比較的スッパリ分かれた傾向も思い出します。今もそうした合コン文化が変わっていなければ、存外、一般社会の女性にとって警察官僚と知り合う機会は少なくありません。とまれ、上司部下同僚の例を顧《ふりかえ》れば——学生結婚の例も知っていますし、そこまで大胆ではないにしろ、学生時代からの恋人とそのままゴールインする例は多々あります。重ねて、警察官僚には結婚によって立身出世を図ろうという動機・生態がないので……

　ただ警察官僚の恋愛・結婚で特異なのは、その、まあ、現地調達でしょうか。既述《きじゅつ》のとおり、警察官僚は役人人生の3分の1～2分の1を都道府県警察で過ごしますので、赴任先の都道府県警察において、ノンキャリアの女警さん／一般職員さんと恋愛関係になり、そのままゴールインする例は少なくありません。また女性の警察キャリアが、ノンキャリアの男性警察官と結婚する例も——多くはありませんが——知っています。なお、そうした都道府県警察における社内恋愛のみならず、警察部外《ブガイ》の、赴任先の都道府県にお住まいだった一般女性と恋愛し結婚する例も、私は存じませんが、全く不思議ではありません（聴いた記憶はあるのですが、ちょっと不鮮明で）。とまれ、警察庁庁舎内にいるかぎり、男女を問わず、恋愛対象となる相手との出会いなどまず時間的・物理的に想定できませんので、現にパートナーがいないのであれば、調達能力を発揮できる機会は、まずもって都道府県警察ということになります（あとは全く文化の違う、他官庁出向の折でしょうか）。

例えば現地調達派にしろ、例えば学生からの恋人がいる派にしろ、重ねて立身出世に無関係ですので、どちらも比較的早婚です。私の期ですと25歳を皮切りに、30歳前に3分の1弱が身を固めました。残余の3分の2強も、結婚する気があれば、概《おおむ》ね40歳前には『いつの間にか』身を固めてしまっています。30歳となると警視、40歳となると警視正ですが、これらはそれぞれ都道府県警察でいえば課長・部長ですから、そうした管理職の最たるものがいつまでも独身だと、部下職員の手前問題があるばかりか、『身上《しんじょう》管理上も』問題があるとされかねません。警察文化として、良くも悪くも、「未婚者ほど身上実態把握上注意が必要である」なるものもあります。率先垂範《そっせんすいはん》しなければならない／身上実態把握をしなければならない管理職の側が、自ら警察文化上のウィークポイントを抱えているのは、職業人生においてプラスにはなりません。

他方で、少なくとも警察キャリアについて言えば（各都道府県警察の文化を別とすれば）、一度でも結婚をしていれば——要はその後離婚しようと——あまり未婚時のような文化的逆風はないし、再婚圧力も特にないと記憶しています。このあたり、恋愛・結婚における慶事《けいじ》は庁内で甚《はなは》だ話題になりますが、それらにおける御不幸はさほどでもないので、ちょっとでも期が違うと「えっ、Aさん離婚してたの、いつ⁉︎」「ずっと旧姓使用だから、全然知らなかったよ……」程度の認識が平均的です。極めて親しければ、離婚についての相談を受けることもあるのですが、実話として言えば、相談を受けても人様の御家庭について何ができるわけでなく……

とまれ、イメージとして言えば、離婚はまるでめずらしくなく、懲戒事由《ちょうかいじゆう》に該当するなど特段の変事がないのなら、警察庁文化として特にペナルティーはありません。例えば、現地調達派の場合、関係都道府県警察との間で事実上の紛議《ふんぎ》が生じる可能性はありますが……20年前の時点で、諸々《もろもろ》の披露宴《ひろうえん》にて「婦人警察官1人を一人前の警察官に育てるのに1000万円掛かる」「それを掻《か》っ攫《さら》うのだから大事にしてほしい」旨《むね》を繰り返し繰り返し聴きましたので……しかし、まさか警察庁が本気で乗り出してくるようなトラブルとは認識されません。

私生活

警察庁勤務なら、平日はどのみち午前様《ごぜんさま》ですので、私生活なるものがあるのは土日祝ですが……繁忙期《はんぼうき》・有事の際は当然、呼び出し~深夜勤務があり、またそうでなくとも、なかなか手を付けられない〈雑務〉や新しく習得しなければならない法令の〈自習〉のため、好むと好まざるとにかかわらずセルフ休日勤務をします。家族の顔を見ません。私は体力のない方でしたので、土日の片方は12時間～15時間ほどの寝だめをしました。ただ先輩と話をしていると、私より激務なのに「俺週末にサッカーするのが生《い》き甲斐《がい》なんだよね!!」などとナチュラルに微笑まれ、「やっぱりデキる人は違うなあ……」と思ったものです。

仮の寝床《ねどこ》たる〈官舎〉ですが、私が課長補佐級の晩期《ばんき》まで家族とともに過ごした官舎はもろ『昭和の団地』で、和室６畳３間＋鰻《うなぎ》の寝床《ねどこ》キッチン＋換気扇のないトイレ＋換気扇のないバランス釜《がま》カチカチの１人用風呂兼《けん》洗顔所（コンクリ打ちっぱなし）＋立てた棺《かん》桶《おけ》サイズの玄関（靴箱なし）でした。照明も網戸も欲しければ自費。月に１回強制参加の草刈り半日あり共益費《きょうえきひ》別立て。使用料なら昭和の団地らしく確か月３万円前後でしたが（天引きゆえ当時の通帳を見ても記載なし）、ただ官舎というのは退去時の『原状回復』が実に厳格で、壁塗りだの畳総換《そうが》えだの、何だかんだで引き払う際30万円以上を上納しました。

通勤ですが、最も働いた時期だと――出勤当日の帰宅が警察庁からタクシーを飛ばして45分、午前4時弱。シャワー音が響くと即《そく》近所迷惑になる好物件ゆえ、そのまま就寝。午前7時45分のバスに乗らなければ間に合わないので、午前7時15分に飛び起きて洗顔兼《けん》シャワー。家を飛び出て徒歩10分、満員のバス乗車。団地が好立地の好物件ゆえ、最寄りのJR駅までバスで25分（必ず渋滞）。JR線に乗り換えて15分。次いで東京メトロに乗り換えて、丸ノ内線で霞が関までジャスト30分。ガッチリ眠れます（この『30分』は生涯忘れられない時間感覚です）。どっこいせと警察庁内の自席に着くのが午前9時15分ジャスト。よって往路は1時間半となります。都心の官舎が確保できなかったためです（「調布《ちょうふ》か柏《かしわ》か船橋《ふなばし》しかない」とアッサリ申し渡されました）。といって同期も三鷹《みたか》に住んでいましたので仕方ありません。ただせめて「子供等と一緒に入れるサイズの風呂がいいな……」「足を濡らさず歯が磨ける洗面所があれば……」と思いましたし、いよいよ繁忙期も繁忙期を極めた折、直近上司から「業務に支障があるから（自費で）引っ越ししたら？　都心の官舎になるよう掛け合うから」と指導されたときは『なら最初から掛け合えよ!!』と●意が湧《わ》きました。

――そのような時期の、お給料の話でいったん本書を締めたいと思います。

私が警察人生で最も働いたその時期、月の手取り総額は、最低の月だと三一万二、四〇〇円、最高の月で三四万三、二七〇円でした。遥《はる》かな歳月を経て今、個人事業主としてこの印字がある通帳を改めて見遣《みや》ると……「当時は金銭感覚がまるでなかったなぁ」「我ながらお金のことは全然考えていなかった」「そもそも通帳なんて家族に預けてた、実質初見《しょけん》だ」等々と、平成官僚がまるで金銭のために働いていなかったことを、感慨とともに実感します。

――他にも例えば、〈警察官僚俗説の虚実〉なる項目が私のスケルトンにはあるのですが、恐縮ながら紙幅《しふく》の都合上、一部を私の小説、『新任警視』等新任シリーズに委ね、他日を期したいと考えます。

（了）

切りとり線

★読者のみなさまにお願い

この本をお読みになって、どんな感想をお持ちでしょうか。祥伝社のホームページから書評をお送りいただけたら、ありがたく存じます。今後の企画の参考にさせていただきます。また、次ページの原稿用紙を切り取り、左記まで郵送していただいても結構です。

お寄せいただいた書評は、ご了解のうえ新聞・雑誌などを通じて紹介させていただくこともあります。採用の場合は、特製図書カードを差しあげます。

なお、ご記入いただいたお名前、ご住所、ご連絡先等は、書評紹介の事前了解、謝礼のお届け以外の目的で利用することはありません。また、それらの情報を6カ月を越えて保管することもありません。

〒101-8701（お手紙は郵便番号だけで届きます）
祥伝社　新書編集部
電話03（3265）2310
祥伝社ブックレビュー　www.shodensha.co.jp/bookreview

★本書の購買動機（媒体名、あるいは○をつけてください）

＿＿＿新聞の広告を見て	＿＿＿誌の広告を見て	＿＿＿の書評を見て	＿＿＿のWebを見て	書店で見かけて	知人のすすめで

★100字書評……警察官僚

名前

住所

年齢

職業

古野まほろ　ふるの・まほろ

東京大学法学部卒。警察庁旧I種（現・総合職）警察官として交番、警察署、警察本部、海外、警察庁等で勤務の後、警察大学校主任教授にて退官。複数の都府県と、交通部門以外の全部門を経験。主たる専門は、公安警察・地域警察・保安警察。

警察官僚《けいさつかんりよう》

――0.2%未満《みまん》のキャリアの生態《せいたい》

古野《ふるの》まほろ

2022年４月10日　初版第１刷発行

発行者……………辻 浩明

発行所……………祥伝社《しょうでんしゃ》

〒101-8701　東京都千代田区神田神保町3-3

電話　03(3265)2081(販売部)

電話　03(3265)2310(編集部)

電話　03(3265)3622(業務部)

ホームページ　www.shodensha.co.jp

装丁者……………盛川和洋

印刷所……………萩原印刷

製本所……………ナショナル製本

Printed in Japan　ISBN978-4-396-11653-8　C0236

〈祥伝社新書〉
歴史に学ぶ

545
日本史のミカタ
「こんな見方があったのか。まったく違う日本史に興奮した」林修氏推薦
国際日本文化研究センター所長 井上章一
本郷和人

588
世界史のミカタ
「国家の枠を超えて世界を見る力が身につく」佐藤優氏推奨
井上章一
小説家 佐藤賢一

630
歴史のミカタ
歴史はどのような時に動くのか、歴史は繰り返されるか……など本格対談
井上章一
国際日本文化研究センター教授 磯田道史

351
英国人記者が見た
連合国戦勝史観の虚妄
滞日50年のジャーナリストは、なぜ歴史観を変えたのか。画期的な戦後論の誕生
ジャーナリスト ヘンリー・S・ストークス

578
世界から戦争がなくならない本当の理由
なぜ「過ち」を繰り返すのか。池上流「戦争論」の決定版！
ジャーナリスト 名城大学教授 池上 彰

〈祥伝社新書〉
経済を知る

〈祥伝社新書〉
経済を知る

498
総合商社 その「強さ」と、日本企業の「次」を探る
なぜ日本にだけ存在し、生き残ることができたのか。最強のビジネスモデルを解説
専修大学教授
田中隆之

503
仮想通貨で銀行が消える日
送金手数料が不要になる? 通貨政策が効《き》かない? 社会の仕組みが激変する!
信州大学教授
真壁昭夫

625
カルトブランディング 顧客を熱狂させる技法
グローバル企業が取り入れる新しいブランディング手法を徹底解説
マーケティングコンサルタント
田中森士

636
世界を変える5つのテクノロジー SDGs、ESGの最前線
2030年を生き抜く企業のサステナブル戦略を徹底解説
京都大学大学院特任准教授
山本康正

650
なぜ信用金庫は生き残るのか
激変する金融業界を徹底取材。生き残る企業のヒントがここに!
日刊工業新聞社南東京支局長
鳥羽田継之